FondamenTAL 2014: Ressources lexicales et TAL – vue d'ensemble sur les dictionnaires electroniques de Jean Dubois et Francoise Dubois-Charlier

(FondamenTAL 2014: Lexical Resources and NLP)

TALN-RECITAL 2014 Workshop

Marseille, France
1 July 2014

ISBN: 978-1-63439-518-2

Printed from e-media with permission by:

Curran Associates, Inc.
57 Morehouse Lane
Red Hook, NY 12571

Some format issues inherent in the e-media version may also appear in this print version.

Printed by Curran Associates, Inc. (2014)

Association for Computational Linguistics
209 N. Eighth Street
Stroudsburg, Pennsylvania 18360

Phone: 1-570-476-8006
Fax: 1-570-476-0860

acl@aclweb.org

Additional copies of this publication are available from:

Curran Associates, Inc.
57 Morehouse Lane
Red Hook, NY 12571 USA
Phone: 845-758-0400
Fax: 845-758-2634
Email: curran@proceedings.com
Web: www.proceedings.com

TABLE OF CONTENTS

Atelier FondamenTAL

Les ressources lexicales de Jean Dubois et Françoise Dubois-Charlier

Retours d'expériences et projets

Depuis 2007, le site FondamenTAL (http://talep.lif.univ-mrs.fr/FondamenTAL) créé par Paul Sabatier, permet de s'informer sur l'ensemble des ressources lexicales numérisées de Jean Dubois et Françoise Dubois-Charlier. De nombreux chercheurs et doctorants en Sciences du Langage et en TAL ont demandé au site http://www.modyco.fr/Dictionnaires de leur communiquer les différents dictionnaires. Ou bien encore ils se sont rendus sur http://rali.iro.umontreal.ca/Dubois pour bénéficier d'une interface de consultation du Dictionnaire des *Verbes Français* (LVF).

La finalité de l'atelier que nous proposons est triple :

- réunir les chercheurs ayant utilisé de façon significative les ressources de Dubois et Dubois-Charlier jusqu'à présent disponibles, pour faire avec eux un état des lieux de leurs recherches ;
- informer la communauté de la diffusion de ressources lexicales jusqu'à présent inédites à savoir :

  - une version, révisée par Paul Sabatier, de *Les Verbes Français* (LVF : 26.000 entrées) ;

  - un inédit, *Locutions Verbales* (LOCV : 3.510 entrées), révisé par Paul Sabatier ;

  - un autre inédit le *Dictionnaire Electronique des Mots* (DEM : 145 000 entrées).
- rendre hommage à Paul Sabatier, en évoquant ses derniers travaux portant sur les derniers dictionnaires électroniques de Dubois et Dubois-Charlier.

Le *Dictionnaire Electronique des Mots* est une base de données lexicales du français qui constitue la synthèse des différents dictionnaires de verbes simples, de locutions verbales et d'adjectifs déjà connus de ces auteurs, augmentée de toutes les autres catégories de mots, tant simples que locutionnels. Les auteurs en ont déjà présenté les grandes lignes en 2010 dans *Langages* n° 179-180. Son caractère à la fois exhaustif, rigoureusement systématique et syntactico-sémantique, devrait intéresser bien des chercheurs en TAL, d'autant plus qu'il aura été rendu disponible dans plusieurs formats pratiques pour le traitement automatique.

Responsables de l'atelier

Denis Le Pesant, MoDyCo, CNRS, Université Paris-Ouest Nanterre La Défense

Marie-Hélène Stéfanini, LIF, CNRS, Aix-Marseille Université

Comité de programme

Françoise Dubois-Charlier, Aix-Marseille Université

Guy Lapalme, RALI, Université de Montréal

Danielle Leeman, ICAR, Université Paris Ouest Nanterre

Denis Le Pesant, MoDyCo, CNRS, Université Paris-Ouest Nanterre La Défense

Max Silberztein, Université de Franche-Comté

Marie-Hélène Stéfanini, LIF, CNRS, Aix-Marseille Université

Agnès Tutin, LIDILEM, Université Stendhal, Grenoble

Pagination in this book matches the original digital media

Présentation du *Dictionnaire Electronique des Mots* et de *Locutions Verbales* de Jean Dubois et Françoise Dubois-Charlier

Denis Le Pesant, Marie-Hélène Stéfanini
(1) MoDyCo, 200 avenue de la République 92001 Nanterre
(2) LIF, AMU, CNRS, 163 avenue de Luminy, 13288 Marseille Cedex 9
denis.lepesant@orange.fr, marie-helene.stefanini@lif.univ-mrs.fr

Résumé. Cet article est une présentation de deux ressources inédites de Jean Dubois et Françoise Dubois-Charlier : le *Dictionnaire Electronique des Mots* (DEM), base de données de plus de 140.000 entrées et *Locutions Verbales* (LOCVERB, 3.510 entrées). Ces deux ressources sont complémentaires de la base de données *Les Verbes Français* (LVF, 25.610 entrées). Après avoir évoqué LOCVERB dans ses relations avec LVF, nous décrirons le DEM. Une fusion ultérieure de ces trois ressources est envisagée.

Abstract. This article is a presentation of two new resources of Dubois Jean and Françoise Dubois-Charlier: the Electronic Dictionary of Words (DEM), a database of over 140,000 entries and Verbal Phrases (LOCVERB, 3510 entries). These two resources are complementary to the database French Verbs (LVF, 25,610 entries). After referring LOCVERB in its relations with LVF, we describe the DEM. Subsequent fusion of these three resources is considered.

Mots clés : Bases de données lexicales, Jean Dubois, Françoise Dubois-Charlier, dictionnaire des verbes, LVF, dictionnaire des locutions verbales, LOCVERB, dictionnaire des mots français, DEM.

Keywords: Lexical databases, Jean Dubois, Françoise Dubois-Charlier, dictionary of verbs, LVF, dictionary verbal phrases, LOCVERB, dictionary of French words, DEM.

Introduction

Quelques jours avant l'Atelier que nous consacrons aux plus récentes ressources linguistiques de Jean Dubois et Françoise Dubois-Charlier, la dernière d'entre elles, le *Dictionnaire Electronique des Mots* (DEM), aura été publiée sous plusieurs formats sur les quatre sites suivants : le site FondamenTAL[1] du CNRS-LIF (Université Aix-Marseille), de CNRS-MoDyCo (Université Paris Ouest Nanterre), de RALI (Université de Montréal), et de NooJ.

Le projet d'une telle publication avait été déjà été évoqué dans (Dubois et Dubois-Charlier 2010), (Sabatier et Le Pesant 2013) et (Le Pesant, Sabatier, Silberztein, Stéfanini 2014). Elle fait suite à la publication en 2007 de la base de données lexicales des *Verbes Français* (LVF) sur les sites de CNRS-MoDyCo et de RALI (Université de Montréal), en parallèle avec celle d'un numéro de *Langue Française* (François, Le Pesant, Leeman 2007). Paul Sabatier a travaillé activement à la révision de toutes ces ressources. En même temps que le DEM, sera publiée une autre base de données lexicales des mêmes auteurs, intitulée *Locutions Verbales* (LOCVERB).

Après avoir évoqué LOCVERB dans ses relations avec LVF, nous ferons une présentation générale du DEM.

1 De *Verbes Français* (LVF) à *Locutions Verbales* (LOCVERB)

La base de données LOCVERB (locutions verbales) est totalement complémentaire de LVF (i.e les verbes simples) en ceci que les deux ressources ont exactement le même format. Bien que la révision de LOCVERB par Paul Sabatier ait

[1] http://www.talep.lif.univ-mrs.fr/Fondamental.html

été terminée il y a plus d'un an, cette ressource n'a pas encore pas été publiée. Comparons les deux bases de données lexicales.

Voici une représentation des cinq premières entrées de LVF (la version révisée par Paul Sabatier s'appelle « LVF + 1 »).

abaisser 01	LOC	T3c	T1308 P3008	r/d bas qc	baisser	On a~le rideau de fer,le store.Le rideau du magasin s'a~.
abaisser 02	TEC	E3f	T13g0 P30g0	f.ire qc VRS bas	incliner,pencher	On a~la manette,le levier.La manette s'a~vers le bas.
abaisser 03	QUA	M3c	T1306 P3006	f.mvt mns hauteur	baisser	On a~le mur d'un mètre.Le mur s'a~de beaucoup.
abaisser 04	MON	M4b	T1306 P3006	f.mvt mns val	baisser	On a~les prix,les revenus de dix p.c.Les prix s'a~de bcp.
abaisser 05	MED	T4b	T1308 P3008	r/d bas quant	faire descendre	Le malade a~la fièvre avec l'aspirine.La fièvre s'a~.

TABLE 1 : LVF, les 5 premières entrées par ordre alphabétique des mots

Les utilisateurs de LVF y reconnaîtront les 7 rubriques principales, soit, de gauche à droite :

- rubrique MOT (ici 5 des 9 emplois du verbe *abaisser*)
- rubrique DOMAINE (locatif, technique, qualités, monnaie, écriture, médecine)
- rubrique CLASSE (Classe « générique » ; ex. « T3c » = verbes de transformation, sous-classe « 3 », subdivision « c »)
- rubrique CONSTRUCTION (« T1308 P3008 » = Verbe transitif à sujet inanimé concret + Emploi pronominal à sujet ; un ajout complément instrumental est fréquent, ce que marque le code « 8 »)
- rubrique OPERATEUR (codage de propriétés syntactico-sémantique ; « r/d bas qc » = « quelque chose est rendu ou devenu bas)
- rubrique SENS (synonyme ou parasynonyme)
- rubrique PHRASE (exemples illustrant le(s) emploi(s))

Pour « reconstruire » la classification syntactico-sémantique d'ensemble des verbes simples, il suffit d'opérer un tri sur (dans l'ordre) les rubriques CLASSE, CONSTRUCTION et MOT. C'est ce que représente la Table 2, où apparaît le début de la classe des verbes intransitifs de communication. Sur cet exemple figurent des indications de registre : par exemple « LANf » signifie « Domaine *Langage*, emploi *familier*). Il est à noter que le rôle syntactico-sémantique majeur est joué par le champ CONSTRUCTION.

bavarder 01	LAN	C1a	A16	loq mots ss cesse	causer bcp	On b~dans les couloirs.
causer 01	LANf	C1a	A16	loq mots	bavarder	On c~sans agir.
crier 03	LAN	C1a	A16	loq av force	hurler,forcer sa voix	On c~quand on appelle au secours.
écrire 05	ECR	C1a	A16	loq p écrit	s'exprimer ds écrit	On est en train d'é~.
écrivailler	ECRf	C1a	A16	loq+ql p écrit	écrivasser	On é~dans de médiocres feuilles de chou.

TABLE 2 : LVF, début des 2 premières sous-classes de Verbes de Communication

Rappelons (cf. (François, Le Pesant, Leeman 2007)) que LVF est subdivisé en 14 classes dites génériques : C (communication) ; D (donner) ; E (sortir, venir) ; F (frapper, toucher) ; H (états, comportements) ; L (localisation) ; M (mouvement) ; N (munir, démunir) ; P (sentiments, pensées) ; R (mettre en état le corps, fabriquer qqc) ; S (saisir, abandonner) , T (transformation) ; U (unir, détacher) ; X (auxiliaires, impersonnels, aspectuels).

Passons à LOCVERB (base de données de 3.510 entrées). Dans l'exemple suivant (Table 4), on reconnaît les mêmes 7 champs que dans LVF. Dans le champ CLASSE, « C4 » correspond à la sous-classe des verbes de communication figurant dans leur emploi « figuré » (cf. Table 3). Dans le champ CONSTRUCTION, « T1300 » signifie « verbe transitif direct à sujet humain et complément d'objet inanimé concret »; cette notation, qui peut surprendre s'agissant d'une locution permet de prédire une éventuelle transformation (ex. *Les cartes qui ont été abattues par Paul étaient pour le moins de mauvaise foi*).

abattre (ses) cartes	SOC	C4c	T1300	ind qc caché abs	dévoiler son plan	On a~ses cartes devant P pour terminer la discussio
abattre (son) jeu	PSY	C4c	T1300	ind qc caché abs	dévoiler son plan	On a~son jeu pour mettre un terme à la discussion.
abattre de la besogne	SOCf	H2c	A16	f.travail	travailler bcp	On a~de la besogne dans cette ferme.
abattre du travail	SOC	H2c	A16	f.travail	travailler bcp	On a~du travail dans cette ferme.
abonder dans le sens de	LIT	E2c	N1j	ire DS sens d	suivre qn	On a~dans le sens de l'orateur.

TABLE 3 : LOCVERB, les 5 premières entrées par ordre alphabétique des mots

Le tri sur (dans l'ordre) les champs CLASSE, CONSTRUCTION et MOT appliqué à LOCV donne ceci, qui constitue les premières entrées de la première sous-classe des verbes de communication (locutions verbales intransitives) :

avoir (son) mot à dire	LAN	C1a	A16	loq mots	ê en droit de parler	On a~son mot à dire dans cette négociation.
avoir des larmes dans la voix	VOX	C1a	A16	loq mots émus	il parle d'une voix émue	Paul a des larmes dans la voix
avoir du coffre	LANf	C1a	A16	loq mots fort	avoir de la voix	On a~du coffre et on peut brailler plus fort que toi.
avoir la langue bien affilée	VOXf	C1a	A16	loq mots bcp	ê bavard, parler bcp	On a~la langue bien affilée et on amuse l'auditoire.
avoir la langue bien pendue	VOX	C1a	A16	loq mots bcp	parler bcp,ê bavard	Le gardien a~la langue bien pendue.

TABLE 4 : LOCVERB, début de la première sous-classe des Verbes de Communication

2 Le *Dictionnaire Electronique des Mots* (DEM)

Le DEM est une base de données de 145.333 entrées. Il réunit les entrées des deux autres dictionnaires électroniques de Jean Dubois et Françoise Dubois-Charlier qui viennent d'être évoqués. Il comprend en outre les mots appartenant à toutes les autres parties du discours, qu'il s'agisse de mots simples ou de mots locutionnels : noms, adjectifs, déterminants, adverbes, prépositions, conjonctions, interjections.

Le format du DEM n'est toutefois pas le même que celui de LVF et de LOCVERB. D'une certaine manière, le souci d'une *extension* maximale se fait au détriment d'un haut degré d'*intension.* Cela se manifeste par le fait que la base de données ne compte que 7 champs, soit le même nombre que pour LVF, mais pour plus de 6 fois plus de parties du discours. Du reste, les champs concernés ne correspondent que partiellement à ceux qui figurent dans LVF et LOCVERB.

Par ailleurs, il existe une propriété remarquable du DEM : il explicite les relations qu'il entretient avec LVF et LOCV, ce qui ouvre la voie à une éventuelle fusion des trois ressources, qui concilierait le souci d'une *extension* maximale avec celui d'un haut degré d'*intension.*

Voici une représentation des premières entrées du DEM, par ordre alphabétique des mots :

M	CONT	DOM	OP	SENS	OP1	CA
a 01	tracer N	ECR	lett	alphabet latin	R3a1	-1
a 02	artic N	PHN	voy	ouverte	C1a3	-1
à N (ê)	N rli qc à	RLA	st	(qc)appartenir à qn,qc	U3a1	M-
à P inf	co str N	LIN	syn	ds le but de+inf	R4d1	M-
à Pâques ou à la Trinité	adven adv	TPSm	st	jamais,à date incertain	L4a-	M-
à aucun moment	adven adv	TPS	st	jamais	L4a-	M-
à aucun prix	val adv	ECN	st	(céder)en aucun cas	H3f1	M-
à bas N !	excla P	VOX	intj	hostilité à N	C2d3	R-
à bas prix	val adv	ECN	st	(vendre)à bon marché	H3f1	M-
à base de N	fac adv	TEC	st	d composant principal	R3a1	M-

TABLE 5 : DEM, les premières entrées par ordre alphabétique des mots

Les rubriques du DEM sont :

- rubrique MOT
- rubrique CONTENU
- rubrique DOMAINE (ex. *écriture, phonétique, relation, linguistique, temps* etc.)
- rubrique OP(ERATEUR)
- rubrique SENS (synonyme, parasynonyme ou, parfois, définition)
- rubrique OP(ERATEUR)1
- rubrique CA(TEGORIE)

Les seuls champs communs aux dictionnaires de verbes et au DEM sont les champs MOT, DOMAINE et (en partie) SENS. S'agissant du champ CONTENU, voici ce qu'en disent les auteurs :

> « C'est l'articulation essentielle de ce dictionnaire, qui se veut syntaxique et syntagmatique. Chaque entrée est rangée, par CONT, dans une bulle/famille sémantico-syntaxique définie par le terme pivot de CONT. Exemples de termes pivots : *adhérer, advenir, alimentation* ou *vêtir*. Les différentes formules que l'on trouve pour une bulle donnée représentent les combinaisons syntaxiques avec le terme pivot.
>
> Par exemple : famille de CONT : *adhérer ;* formules : *adhérer à* N (ex : *christianisme*), *faire adhérer par N* (ex : *soviétisation*), *N q adhère* (ex : *marxiste*) ou *adhérer adjectif* (ex : *clérical*) ».

La rubrique OP(ERATEUR) « donne des précisions secondaires sur le référent du mot d'entrée, souvent en fonction/combinaison de ce qui est inscrit dans sa rubrique CONT. Par exemple, les mots *gifle* ou *tabasser* ont « frapper » comme terme pivot de CONT. La fonction de OP est de préciser s'il s'agit d'un *coup manuel*, de l'*utilisation d'une arme*, etc. ».

La rubrique OP(ERATEUR)1 est particulièrement remarquable en ceci qu'elle connecte le DEM avec LVF et LOCVERB (on y retrouve le système de codage des classes de LVF). En effet, cette rubrique « donne la classe de verbes, définie dans LVF, à laquelle le mot d'entrée est associé en vertu du terme pivot de sa rubrique CONT. Par exemple : *appartement, ville* ou *résider* ont « habiter » comme terme pivot de leur CONT. La classe correspondante dans LVF est L1a1 (= *être/se trouver quelque part*) ». C'est aussi dans cette rubrique qu'on trouve des informations sur la formation des adjectifs (ex. « c » = adjectif non dérivé (*versatile*) ; « cn » = adjectif dérivé de nom (*poissonneux, tracassier*) ; « ca » adjectif dérivé d'adjectif (*vieillot*) ; « cvt » = adjectif dérivé de verbe transitif (*barbant*) » etc.).

La rubrique CA(TEGORIE) enfin, sur deux caractères, code la catégorie grammaticale et le genre du mot d'entrée. Par exemple « -1 », « M- » et « R- » (cf. Table 5 ci-dessus) codent respectivement « nom non-animé masculin », « adverbe » et « interjection »).

Cette présentation laisse imaginer quelle grande variété de requêtes (morphologiques, syntaxiques, sémantiques, ontologiques etc.) croisées ou non croisées est rendue possible à partir de cette énorme ressource syntactico-sémantique. Plusieurs publications ((Le Pesant et *alii* (à paraître) ; Sabatier et Le Pesant (2013)) montrent qu'on peut extraire du DEM des esquisses de véritables ontologies.

On reviendra sur ce point à plusieurs reprises au cours de notre Atelier. Qu'il nous suffise pour le moment d'évoquer un autre exemple que celui du domaine de la Musique, à savoir celui de l'Alimentation (Domaine « ALI»). Un tri portant (dans cet ordre) sur les champs DOM, CONT et OP permet d'obtenir d'excellents résultats dans la recherche d'une vue d'ensemble sur le vocabulaire du domaine. Se manifestent en effet successivement (par ordre alphabétique approximatif des CONT et en faisant abstraction de nombreux critères possibles de subdivision) :

- les adjectifs de qualité des aliments (ex. *aigre-doux, congelable*) ;
- les noms de préparation alimentaire autres que produits de la mer (ex.*andouille, beignet*) et de préparation à base de produits de la mer ; les noms de plats ;
- les noms d'outils de préparation des aliments (ex. *découenneuse*) ; les noms et verbes d'opérations culinaires diverses ;
- les noms de repas ; les verbes de manger ; les noms de mangeurs ;
- les noms d'entreprises de restauration et d'industries de l'alimentaire ;
- les noms de métiers de la cuisine, de la restauration et de l'industrie alimentaire.

Conclusion

Cet ensemble de ressources a été d'ores et déjà implémenté par Max Silberztein grâce à la plate-forme d'ingénierie linguistique NooJ.

A l'horizon de ces travaux figure le projet de fusionner LVF, LOCVERB et DEM et de faire de cet ensemble un tout parfaitement cohérent, utilisable en TAL pour des tâches d'annotation syntaxique et sémantique et pour la création d'ontologies.

Références

DUBOIS J., DUBOIS-CHARLIER F. (2010). La combinatoire lexico-syntaxique dans le *Dictionnaire électronique des mots*. Les termes du domaine de la musique à titre d'illustration. In LEEMAN D., SABATIER P. (ed). *Langages* 179-180, p.31-56.

FRANÇOIS J., LE PESANT D. & LEEMAN D. (2007). Présentation de la classification des Verbes Français de J. Dubois et F. Dubois-Charlier. *Langue française* n°153 : 3-19.

LE PESANT, D., SABATIER, P., SILBERZTEIN, M., STÉFANINI, M.-H. (sous presse). Présentation d'un thésaurus des mots d'affect : théorie, méthodes et applications. In Blumenthal, Novakova & Siepmann ed. *Nouvelles perspectives en sémantique lexicale et en organisation du discours. Actes du Colloque Emolex* (Osnabrück, 6-8 février 2013). Peter Lang pp. 395-406.

LE PESANT D., SABATIER P. (2013). Les dictionnaires électroniques de Jean Dubois et Françoise Dubois-Charlier et leur exploitation en TAL.In *Ressources Lexicales.* Gala N. et Zock M. ed. *Linguisticae Investigationes Supplementa* 30. Amsterdam : John Benjamins Publishing Company.

LEEMAN D., SABATIER P. ÉD. (2010). *Empirie, théorie, exploitation : le travail de Jean Dubois sur les verbes français*. *Langages* n°179-180.

Représentation ontologique du LVF et son utilisation en traitement automatique de la langue

Radia Abdi, Guy Lapalme
RALI-DIRO, Université de Montréal
C.P. 6128, Succ Centre-Ville
Montréal, Québec, Canada, H3C 3J7
abdi.radia@gmail.com, lapalme@iro.umontreal.ca

Résumé. Nous présentons une version ontologique du dictionnaire LVF (Les Verbes Français) de J. Dubois et F. Dubois-Charlier. Elle a été obtenue par une transformation automatique de la version XML du LVF. Nous en démontrons l'utilisation dans le domaine du traitement automatique de la langue avec une application d'annotation sémantique développée dans l'environnement GATE.

Abstract. We present an ontological version of the LVF dictionary (Les Verbes Français) by J. Dubois and F. Dubois-Charlier. It was produced automatically by transforming the XML version of the LVF. We illustrate its use in the field of natural language processing with a semantic annotation application developed in the GATE environment.

Mots-clés : LVF, Les Verbes Français, peuplement d'ontologies, ressource lexicale, web sémantique, extraction d'information, OWL. .
Keywords: LVF, Les Verbes Français, ontology population, lexical resource, semantic web, information extraction, OWL.

1 Introduction

Des ressources lexicales riches et disponibles en accès libre en langue anglaise ont facilité le développement des recherches en traitement automatique de cette langue, tels que *WordNet*, *VerbNet* ou *FrameNet*. Il n'existe malheureusement que peu d'équivalents en français disponibles en accès libre, ce qui complique la recherche et les travaux dans le traitement automatique du français.

L'ouvrage « Les Verbes Français » (LVF), réalisé par Jean Dubois et Françoise Dubois-Charlier est une ressource lexicale qui fournit une description linguistique et sémantique détaillée des verbes français. À cause de problèmes de diffusion et de distribution, le LVF n'a malheureusement pas pu être exploité par les chercheurs et les linguistes qui, pour plusieurs, en ignoraient même l'existence. Certains travaux ont rendu le LVF plus accessible en termes d'encodage et de format de données : Denis Le Pesant en a créé une version sous format Excel pour faciliter sa consultation manuelle, mais ce mode d'accès ne s'est pas avéré pratique pour les applications informatiques ; Guy Lapalme en a alors proposé une version XML qui en facilite l'exploitation par les applications de traitement automatique de la langue et Hadouche et Lapalme (2010) l'ont comparé à d'autres ressources lexicales.

Ces dernières années, il y a eu un regain d'intérêt pour la notion d'ontologie, sous l'impulsion du web sémantique. La recherche sur le web, étant devenue une activité à haute valeur ajoutée, a poussé un développement rapide de modèles, de langages et d'outils permettant d'expliciter la sémantique des données issues du web et de raisonner sur ces données. La représentation du LVF en format XML, considéré comme un des standards de base du web sémantique, nous a incités à développer une représentation du LVF en un standard plus puissant, en l'occurrence OWL pour obtenir une ontologie des verbes. L'intérêt de l'application des ontologies au traitement automatique de la langue a été démontré par de nombreuses recherches dans le traitement automatique de la langue anglaise. Des versions OWL de WordNet ou FrameNet ont été développées afin de désambigüiser le sens des mots ou de les intégrer dans une autre ontologie.

Cet article présente tout d'abord la structure du LVF et sa version XML; la section 3 décrit le processus de transformation de LVF en une ontologie OWL et son application dans le cadre d'une application d'annotation sémantique.; nous présentons enfin l'application d'annotation sémantique, développée dans GATE, qui sert à annoter les verbes à partir de l'ontologie LVF. Nous concluons en évoquant quelques problèmes rencontrés ainsi que des travaux futurs. Nous montrons les apports mutuels entre le web sémantique et le TAL et jusqu'à quel point la représentation ontologique du LVF peut améliorer son exploitation et utilisation en TAL et en web sémantique.

2 Organisation du LVF

Les Verbes Français (LVF) est une base de données numérique réalisée par J. Dubois et F. Dubois-Charlier dont le but est de classifier les verbes selon leur syntaxe et leurs interprétations sémantiques. Le principe de la classification repose sur l'adéquation entre les schèmes syntaxiques et la sélection distributionnelle dans la construction, et l'interprétation sémantique (François et coll. 2007). Les schèmes sont regroupés en classes et sous-classes : 248 sous-classes syntaxiques, 54 classes sémantico-syntaxiques et 14 classes génériques.

LVF comprend plus de 25 610 entrées représentant 12 310 verbes différents avec 4 188 verbes ayant plusieurs entrées. Une entrée est représentée par 11 rubriques, par exemple, le verbe `chercher` présente 10 entrées ou emplois différents (`chercher 01, …, chercher 10`) correspondant à des schèmes syntaxiques différents. Une entrée est définie par un schème syntaxique et un opérateur codé pour faciliter le traitement automatique, mais aussi par d'autres informations linguistiques telles que le sens, des exemples de phrases, le lexique (entier entre 1 et 6 correspondant au type de lexique, du plus élémentaire au plus spécialisé, où on trouve cette entrée), la conjugaison …etc. Un schème syntaxique est une suite de caractères alphanumériques (tels que `T1318` ou `P3008`) qui indiquent la nature du verbe (*transitif direct, indirect, intransitif, pronominal*), le type du constituant sujet et objet (*humain, animal ou chose, complétive*) et aussi la nature des compléments (*locatif, prépositionnel, instrumental, à modalité,* etc.). Un opérateur est une étiquette interprétative du sens et de l'emploi du verbe ; par exemple `loq AV` veut dire *parler avec*. Pour notre travail, nous avons utilisé la version XML du LVF qui est plus structurée et qui offre une facilité de manipulation et d'exploitation automatique des données avec des feuilles de transformation XSLT.

3 Ontologies et standard OWL

Le web sémantique répond à certains problèmes et limitations du web actuel : (i) aucune sémantique n'est attribuée au contenu web, (ii) les métadonnées utilisées sont non structurées et limitées dans leur usage, (iii) l'absence de modèle de représentation de connaissances et de données publiées sur le web rend le processus de raisonnement et d'inférence pratiquement impossible.

Le web sémantique propose des solutions à ces problèmes. Une d'entre elles est de mettre en œuvre des formalismes et des langages standardisés de représentation de données et de connaissances pour représenter et modéliser la sémantique des ressources web. On fournit ainsi des ontologies qui sont des ressources conceptuelles représentées par ces langages modélisant les domaines des connaissances et on facilite leur accès et leur partage. Les ontologies représentent des ressources de modélisation et de conceptualisation très importantes (Noy et McGuinness, 2000). Elles constituent en soi un modèle de données représentatif d'un ensemble de concepts dans un domaine, ainsi que des relations entre ces concepts. Les ontologies sont employées pour raisonner à propos des objets du domaine concerné. OWL (Motik et coll. 2012) est un langage de représentation des connaissances, développé par le W3C. Il fournit les moyens pour définir des ontologies web structurées et riches. Il permet de décrire des ontologies complexes de domaines concrets. Le vocabulaire OWL est constitué d'un ensemble de notions qui spécifient des concepts (classes) et des propriétés telles que : la hiérarchie des classes et des relations (propriétés), l'équivalence des classes, la symétrie et la transitivité des relations, la notion de cardinalité de classes…etc.

OWL est basé essentiellement sur le formalisme des logiques des descriptions. Avec l'aide de *reasoners* qui traitent la logique de description, il devient possible de se doter d'une capacité d'inférence et de raisonnement déductif sur les concepts de l'ontologie. OWL est le langage le plus utilisé pour la description d'ontologies.

4 Représentation OWL du LVF

L'ontologisation de la ressource lexicale LVF fournit un format relationnel aux données du LVF comme certains chercheurs l'ont déjà fait pour WordNet (Niles et Pease 2003) (Van Assem et coll. 2006). Deux principales raisons nous ont motivés pour le développement d'une ontologie OWL du LVF :

- la représentation du LVF en standard formel du W3C nous permet de répondre à des besoins des applications du web sémantique telles que l'annotation sémantique, l'extraction d'informations…etc. Cette ontologie permettra d'ouvrir de nouveaux horizons pour différents champs d'applications sémantiques et de traitement automatique de la langue française qui utilisent le LVF.
- les standards W3C du web sémantique représentent des langages sophistiqués qui offrent un niveau de qualité supérieur d'application et d'interopérabilité entre les applications.

Dans cette section, on présente le processus de transformation du LVF à partir du format XML vers OWL.

4.1 Conception et définition du schéma général

Dans la représentation OWL du LVF, nous nous intéressons à traduire les fichiers XML de ce dictionnaire en une ontologie OWL donc en un modèle de données ou en graphe de concepts reliés par des relations sémantiques. Nous avons défini uns structure générale de ce modèle à partir de la structure hiérarchique des fichiers XML du LVF pour en extraire automatiquement les concepts de base ainsi que leurs relations. Dans un premier temps, nous avons énuméré tous les termes de ce dictionnaire pour définir par la suite les classes (concepts) et leur hiérarchie taxinomique ; par la suite, nous avons déterminé les attributs de chaque classe ainsi que les relations sémantiques possibles entre les différentes classes. Ce processus nous a permis d'obtenir une idée générale du schéma et de la nature des constituants de l'ontologie LVF générée automatiquement à partir des fichiers XML à l'étape suivante.

4.2 Transformation automatique du XML à OWL

Plusieurs stratégies pour la transformation de XML en OWL ont été proposées (Bohring et Auer 2007, Ferdinand et coll. 2004). Certaines approches proposent une méthode générique de transformation XML en modèle OWL à partir d'un schéma XML et des données du fichier XML, d'autres pensent qu'il est impossible de proposer une approche automatique convenable pour une transformation automatique complète de XML vers OWL, car XML ne définit aucune contrainte sémantique. Contrairement à cela, d'autres approches considèrent qu'il y a une sémantique dans les documents XML qui peut être découverte à partir de la structure des documents, en l'occurrence l'approche de Melnik (1999).

Même si XML n'est pas censé représenter d'informations sémantiques ou de sémantique entre les données, les balises imbriquées peuvent représenter une relation `is-a` ou `part-of` ou `subType-of`. On peut considérer la structure XML comme relationnelle et se baser sur celle-ci pour obtenir le modèle OWL. Le processus de transformation est divisé en deux étapes : la génération du modèle de l'ontologie et la génération des instances (individus) de l'ontologie.

4.2.1 Génération du modèle de l'ontologie

Le modèle de données XML décrit un arbre de nœuds, par contre le modèle OWL est représenté à base de triplets RDF sujet-prédicat-objet. Nous exploiterons donc la structure d'arbre XML pour générer la hiérarchie de classes correspondante. Le schéma XML est un fichier qui permet de décrire la structure d'un document XML, plus précisément, il définit les éléments/nœuds et les attributs XML ainsi que leurs types de données, il permet aussi de définir l'ordre d'imbrication des nœuds XML c'est-à-dire quel élément est l'élément parent ou l'élément fils. Un document XML est validé par son schéma XML dans le but de vérifier la consistance des données dans le document. Comme le schéma XML définit la structure et les facettes des données d'un fichier XML, on va l'utiliser pour générer automatiquement la structure de notre ontologie. On suppose que le document XML contient une structure relationnelle entre les données et on déterminera la signification et les relations possibles entre les éléments du document XML. Les nœuds du document XML peuvent représenter des classes car ils représentent des concepts dans la ressource LVF tels que `verbe`, `entree`, `domaine`, `sens`, `opérateur` ...etc. L'imbrication des nœuds peut dans certains cas indiquer la présence d'une relation de type `is-a` ou `part-of` mais dans notre cas, on considère la relation de type `has-` dans les cas suivants :

- Un verbe a des entrées
- Une entrée a un domaine, une classe, un opérateur, des phrases, un sens, une construction, un lexique, un nom ...etc.

Le document XML du LVF définit les données sur les verbes et les entrées. Cependant, Il existe d'autres fichiers XML qui apportent des informations supplémentaires sur les classes, les schèmes, les codes de conjugaison, les codes des opérateurs et de dérivation. Ces fichiers XML décrivent certains détails importants pour la compréhension des codes utilisés dans le LVF tels que les codes des opérateurs, les schèmes syntaxiques, les codes de conjugaisons ainsi que les codes des différentes classes. Les schémas XML de ces fichiers ont été aussi exploités dans le processus de transformation afin de compléter le modèle de données de l'ontologie LVF pour une représentation plus complète du LVF.

Nous avons utilisé une feuille de transformation XSLT pour définir des règles d'extraction des classes, de leur hiérarchie et de leurs propriétés. Cette feuille de style prend en entrée le schéma XML du document LVF pour produire un modèle de l'ontologie LVF écrit en OWL. Le fichier résultant va contenir la définition des classes et de la hiérarchie des classes, la définition des *Object Properties* qui relient deux classes et des *Data Properties* qui relient une classe et une constante (chaîne de caractère, nombre, valeur booléenne, etc.). Le résultat de cette transformation à partir des fichiers de schéma et des fichiers XML décrivant les codes des opérateurs est appelé le **modèle** de l'ontologie.

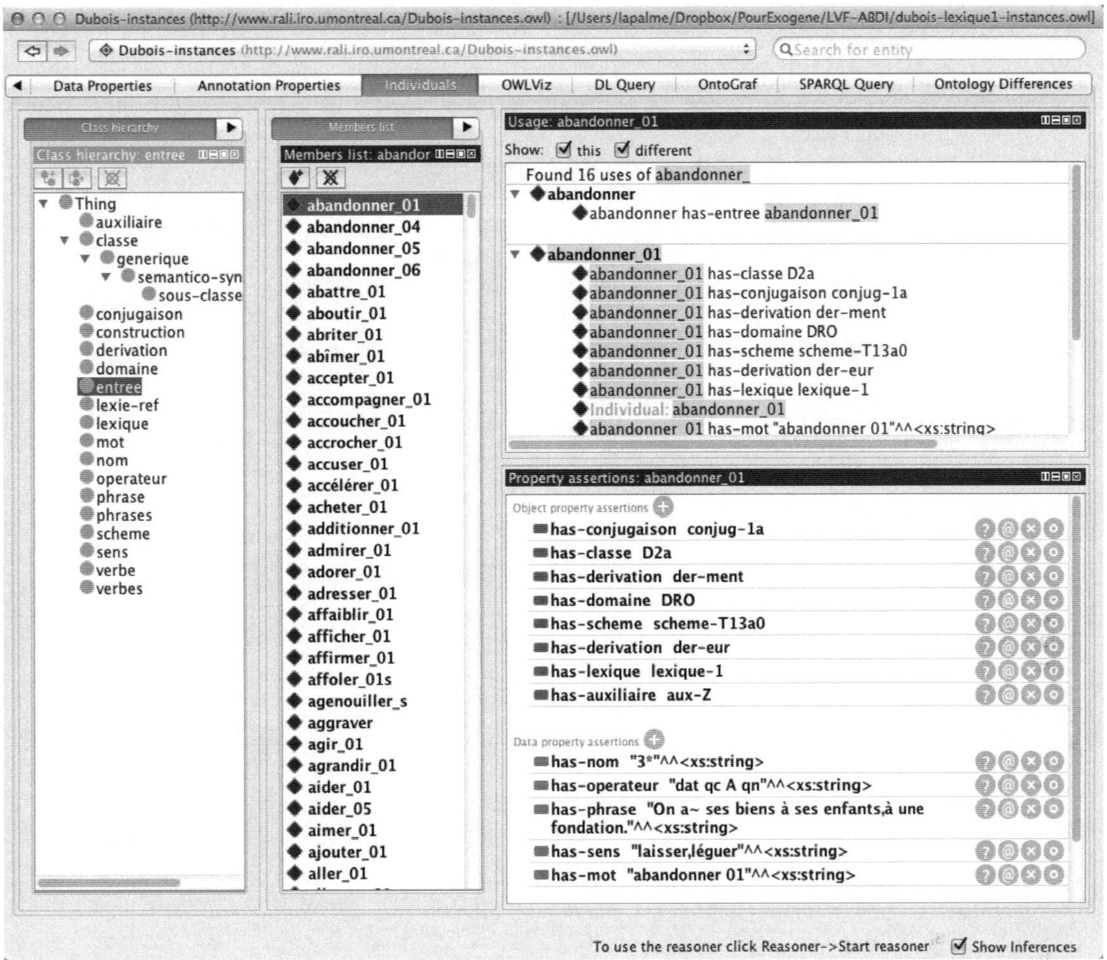

Figure 1 : Ontologie LVF dans l'éditeur Protégé. Le panneau de gauche montre la hiérarchie des classes générées à partir du schéma XML. Le panneau du milieu montre quelques verbes tirés du lexique de niveau 1 du LVF. Les panneaux de droite donnent de l'information à propos du verbe «abandonner 01».

Il correspond aux noms et à la structure des classes de l'ontologie illustrée à la figure 1. Il comprend aussi la définition des noms de domaine et de portée des propriétés dont on retrouve quelques exemples dans la partie en bas à droite de la figure.

4.2.2 Génération automatique des instances de l'ontologie

Le peuplement de l'ontologie LVF a été effectué à l'aide d'une deuxième feuille de style XSLT qui sert à transformer le document XML du LVF en un document OWL en peuplant l'ontologie avec des instances de classes et à les relier par leurs propriétés et à affecter des valeurs aux attributs. L'ontologie résultante importe l'ontologie du modèle décrite à la section précédente. Cette ontologie peut ensuite être chargée dans un éditeur d'ontologie comme Protégé ou dans l'environnement GATE comme nous le verrons plus loin. Il n'y a aucun problème à traiter le 25 000 entrées du LVF avec ce processus, mais afin de limiter l'espace mémoire nécessaire pour les traitements subséquents, nous nous sommes limités aux 867 entrées marquées comme étant du lexique de niveau 1 (dictionnaire fondamental). Cette expérimentation montre donc la faisabilité du principe de l'approche générale sur les verbes considérés les plus fréquents.

Dans un fichier XML, les nœuds XML représentent les classes OWL et leur hiérarchie représente les relations entre les classes que nous avons déjà définies à l'aide de la première feuille de style. De ce fait, nous avons parcouru les fichiers XML qui contiennent les instances, en respectant le modèle de classe qui a été généré précédemment pour générer les instances de chaque classe et de chaque propriété.

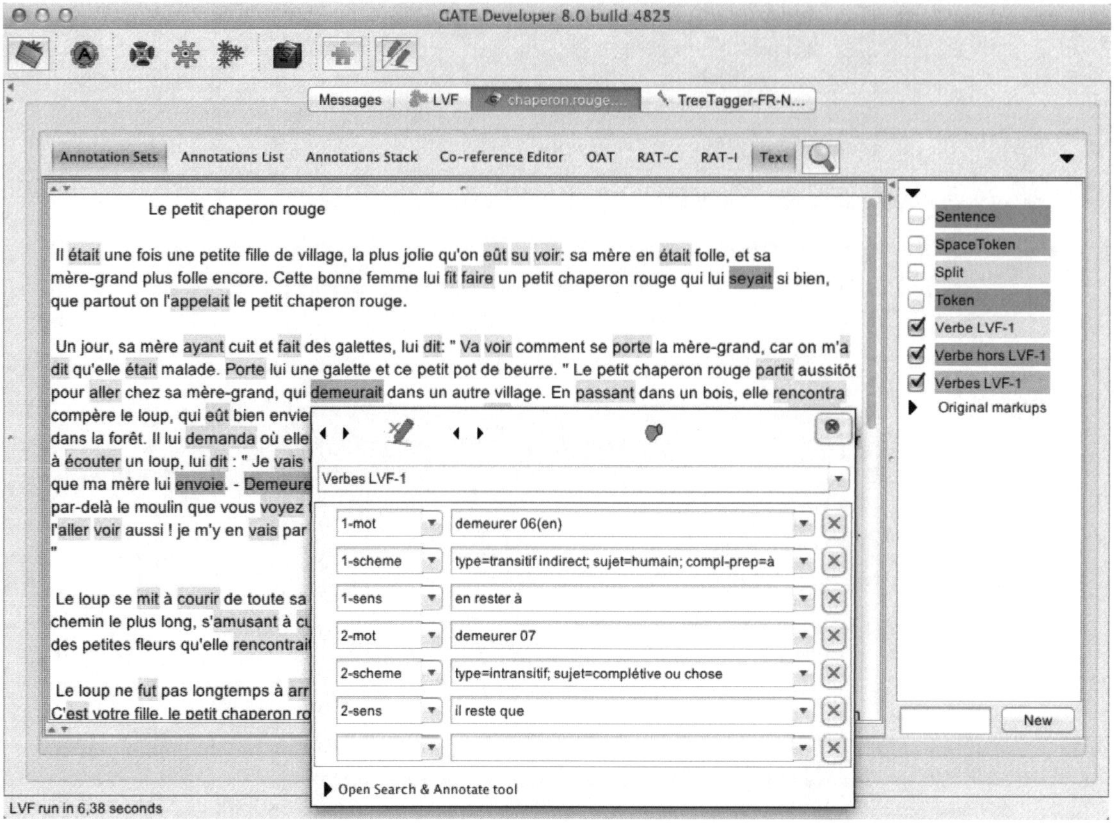

Figure 2 : Annotation semi-automatique de verbes du LVF (lexique de niveau 1) dans GATE. Trois types d'annotation sont mise en évidence: les verbes reconnus, ceux qui ne sont pas dans le lexique, les verbes avec une ambiguïté sur l'acception. En cliquant sur un verbe on obtient le mot, l'information sur le schème et les sens tirés de l'ontologie.

5 Annotation sémantique à partir du LVF

Nous avons développé, dans la plateforme GATE (Cunningham et coll. 2011), une application d'annotation sémantique des verbes à partir de l'ontologie LVF ou les verbes sont annotés avec leurs entrées tout en sachant que chaque entrée est en relation avec d'autres concepts de l'ontologie tels que le sens, le schème syntaxique, l'opérateur sémantique, le domaine, la conjugaison …etc. Dans GATE, le pipeline (une suite de *processing resources* où les sorties de l'un servent d'entrée au suivant) comprend les ressources suivantes : *French Tokenizer*, *RegEx Sentence Splitter*, *Adapt Tokenizer to Tagger* et le *TreeTagger,* un étiqueteur grammatical testé avec succès sur plusieurs langues dont le français.

Idéalement, chaque verbe devrait être annoté avec son entrée correspondante dans le LVF. La détermination automatique de l'entrée pourrait se faire grâce à l'analyse de son schème syntaxique ou sémantique. Le schème syntaxique d'une entrée est codé selon un modèle bien défini, tel que `T1318`, `P3008` ou `A16`, qui indique la nature du verbe (transitif direct ou indirect, intransitif ou pronominal), le type du sujet et de l'objet ainsi que la nature des compléments.

Dans ce travail, nous avons opté pour une approche semi-automatique pour la réalisation de cet annotateur. Elle consiste à annoter les verbes avec les différentes entrées possibles accompagnées par leurs sens et leurs schèmes syntaxiques, présentées sous forme d'une liste dans laquelle l'utilisateur peut supprimer les entrées non pertinentes. Pour y arriver, nous avons développé une nouvelle ressource GATE de type *JAPE Transducer* qui s'ajoute au pipeline décrit plus haut. Ce module est chargé de l'annotation sémantique des verbes à partir de l'ontologie LVF en suivant les étapes suivantes :

- **Extraction automatique des verbes et lemmatisation** : elle est effectuée grâce aux étiquettes grammaticales créées par le *TreeTagger* dans la phase de prétraitement, et qui sont sauvegardées dans la structure d'annotation de GATE. Nous avons utilisé le langage JAPE pour accéder à ces annotations en définissant les règles qui permettent de récupérer toutes les annotations/étiquettes qui commencent par `VER:`. Les lemmes des verbes ont été récupérés à l'aide du *TreeTagger*, qui fournit les lemmes des mots traités en plus de leurs étiquettes grammaticales.

– **Recherches des entrées dans LVF** : les entrées de chaque verbe à partir de l'ontologie LVF sont présentées sous forme d'une liste à l'utilisateur. Comme une liste d'entrées n'est peut-être pas toujours significative pour un utilisateur, on a ajouté à chaque entrée d'autres informations à partir de l'ontologie LVF: le sens et le/les schèmes syntaxiques de chaque entrée. Pour pouvoir déterminer l'entrée correspondante, l'utilisateur pourra soit, apparier le schème syntaxique avec le verbe, soit, procéder à l'élimination des entrées selon leur sens.

– **Création des annotations GATE** : la liste des entrées est affichée lorsque l'usager clique sur un verbe reconnu aux étapes précédentes, comme on peut le voir à la figure 2. Les entrées sont numérotées pour pouvoir lier leur sens et schème. Il est possible de supprimer les entrées qui ne correspondent pas au contexte du verbe à partir de la liste et de sauvegarder par la suite le document avec les annotations pertinentes.

Ce travail illustre la possibilité d'utiliser le LVF dans le contexte d'une application de TAL. Même si elle reste relativement simpliste, requérant une grande implication de la part de l'usager, cette expérience est prometteuse. L'automatisation de la prise en compte des informations des schémas aurait été intéressante à explorer, mais elle aurait impliqué l'utilisation d'un parseur ce qui dépassait l'ampleur de ce travail exploratoire que nous comptons poursuivre. On pourrait aussi imaginer l'utilisation d'heuristiques simples basées sur l'étiquetage du TreeTagger combinées avec la présence de pronoms personnels devant le verbe (sujet humain), ou la présence de certaines prépositions.

6 Conclusion

On a présenté dans ce travail une version OWL du dictionnaire LVF qui a été le résultat d'une transformation automatique à partir de ses fichiers XML. Par la suite, on a démontré l'intérêt et l'utilisation de cette version dans une application d'annotation sémantique qui sert à annoter les verbes français à partir des concepts et instances de l'ontologie LVF, plus précisément à partir des instances de la classe « Entree », « Sens » et « Schème » tout en sachant que l'entrée d'un verbe définit son schème syntaxique et sémantique et donc l'emploi du verbe. Le processus d'annotation des verbes est basé sur une approche semi-automatique qui propose une liste d'entrées possibles pour chaque verbe à l'aide de leurs sens et schème syntaxique correspondants.

Dans le futur, nous envisageons d'intégrer un module qui automatiserait la sélection de l'entrée correspondante à l'emploi du verbe parmi l'ensemble des entrées possibles. Pour y arriver il faudrait implanter un processus d'analyse automatique du schème syntaxique de chaque verbe. En effet si on arrivait à déterminer le schème syntaxique d'un verbe, on pourrait en déduire automatiquement l'entrée correspondante ainsi que sa nature sémantique et syntaxique.

Références

Bohring, H. et S. Auer. Mapping XML to OWL Ontologies, In *Leipziger Informatik-Tage,* vol. 72, 2005, pp. 147–156. Society, Washington, DC, USA, 2007.

Ferdinand, Matthias, Christian Zirpins, and David Trastour. Lifting XML Schema to OWL. *Web Engineering*. Springer Berlin Heidelberg, 2004. 354-358.

François, Jacques, Denis Le Pesant et Danielle Leeman. Présentation de la classification des Verbes Français de Jean Dubois et Françoise Dubois-Charlier. *Langue française* 1, 2007, p 3-19.

Hadouche, Fadila et Guy Lapalme. Une version électronique du LVF comparée avec d'autres ressources lexicales. *Langages* 3 (2010): 193-220.

H. Cunningham, D. Maynard, K. Bontcheva, V. Tablan, N. Aswani, I. Roberts, G. Gorrell, A. Funk, A. Roberts, D. Damljanovic, T. Heitz, M. A. Greenwood, H. Saggion, J. Petrak, Y. Li, and W. Peters. *Text Processing with GATE (Version 6).* 2011.

Melnik, S. *Bridging the gap between XML and RDF.* http://wwwdb.stanford.edu/~melnik/rdf/fusion.html , 1999.

Motik, Boris, Peter F. Patel-Schneider et Bijan Parsia (eds), *OWL 2 Web Ontology Language Structural Specification and Functional-Style Syntax* (Second Edition), W3C Recommendation, 11 December 2012.

Niles, Ian et A. Pease. Mapping WordNet to the SUMO ontology. *Teknowledge Technical Report*, 2003.

Noy, Natalya F. et Deborah L. McGuinness. *Développement d'une ontologie 101: Guide pour la création de votre première ontologie.* Stanford, University Traduit de l'anglais par Anila Angjeli. http://www.bnf.fr/pages/infopro/normes/pdf/no-DevOnto.pdf (2000).

Van Assem, Mark, Aldo Gangemi et Guus Schreiber. Conversion of WordNet to a standard RDF/OWL representation. *Proceedings of the Fifth International Conference on Language Resources and Evaluation (LREC'06)*, Genoa, Italy. 2006.

Le dictionnaire DEM dans NooJ

Max Silberztein
ELLIADD, Université de Franche-Comté, 30 rue Mégevand, 25000 Besançon
max.silberztein@univ-fcomte.fr

Résumé. Nous avons intégré le *Dictionnaire Electronique des Mots* de Jean Dubois et Françoise Dubois-Charlier dans la plateforme linguistique NooJ. Nous montrons l'intérêt de ce dictionnaire pour les applications du TAL.

Abstract. We have integrated Jean Dubois et Françoise Dubois-Charlier's *Dictionnaire Electronique des Mots* in the NooJ linguistic software. We discuss the applications for Natural Language Processing applications.

Mots-clés : Dictionnaire électronique. NooJ.

Keywords: Electronic Dictionaries. NooJ.

1 Introduction

Le travail décrit ici en hommage à notre collègue et ami Paul Sabatier a pour double but de décrire avec exhaustivité et une précision absolue (i.e. de *formaliser*) le vocabulaire du français, et de construire des applications du TAL pour ces ressources linguistiques. Pour décrire le vocabulaire du français, nous avons implémenté avec la plateforme linguistique NooJ[1] le dictionnaire *Les Verbes Français* (**LVF**) et le *Dictionnaire Electronique des Mots* (**DEM**) construits par Jean Dubois et Françoise Dubois-Charlier, et récemment publiés[2].

2 Le dictionnaire LVF

Le dictionnaire *Les Verbes Français* (LVF) est disponible depuis 2010[3] et a été adapté pour être utilisé par la plateforme NooJ. Il contient plus de 25.000 entrées ; chaque entrée correspond à un emploi verbal associé à un ensemble de propriétés morphologiques (flexionnelles et dérivationnelles), syntaxiques (de structure et distributionnelles) et sémantiques (classe sémantique, synonymes).

En particulier, les constructions syntaxiques sont données systématiquement pour chaque emploi verbal. Les quatre grandes classes de constructions sont les classes A (constructions intransitives), N (constructions transitives indirectes), P (constructions pronominales) et T (constructions transitives directes). Ces constructions sont complétées par des informations distributionnelles sur le type des compléments (ex. Humain, non animé, etc.) et de prépositions utilisées (ex. *à*, *de*, etc.).

[1] Cf. (Silberztein 2003). NooJ est une plateforme de développement utilisée à la fois pour décrire les langues et pour construire des applications du TAL. NooJ est un logiciel gratuit et open source et est soutenu par l'initiative européenne Metashare et peut être téléchargé sur le site www.nooj4nlp.net.

[2] Cf. www.modyco.fr ; suivre la page « Ressources ». Le dictionnaire LVF est aussi accessible via le site WEB : http://rali.iro.umontreal.ca/rali/?q=fr/node/1237.

[3] Cf. (Dubois 1997).

Par exemple, le code T1308 représente la structure syntaxique suivante :

Sujet humain (1), Verbe, Objet non animé (3), Complément instrumental (8)

(Silberztein 2010) décrivait l'implémentation du dictionnaire LVF ainsi que celle des grammaires génériques A, N, P et T dans la plateforme NooJ. Mais, faute d'information distributionnelle sur les noms, nous n'avions pas pu prendre en compte les informations distributionnelles caractérisant les actants de chaque emploi de LVF.

3 Le dictionnaire DEM

Le *Dictionnaire Electronique des Mots* (DEM) vient d'être publié par Jean Dubois et Françoise Dubois-Charlier[4]. Ce dictionnaire contient 145.135 entrées de toutes catégories, et se présente sous une forme similaire à celle du LVF.

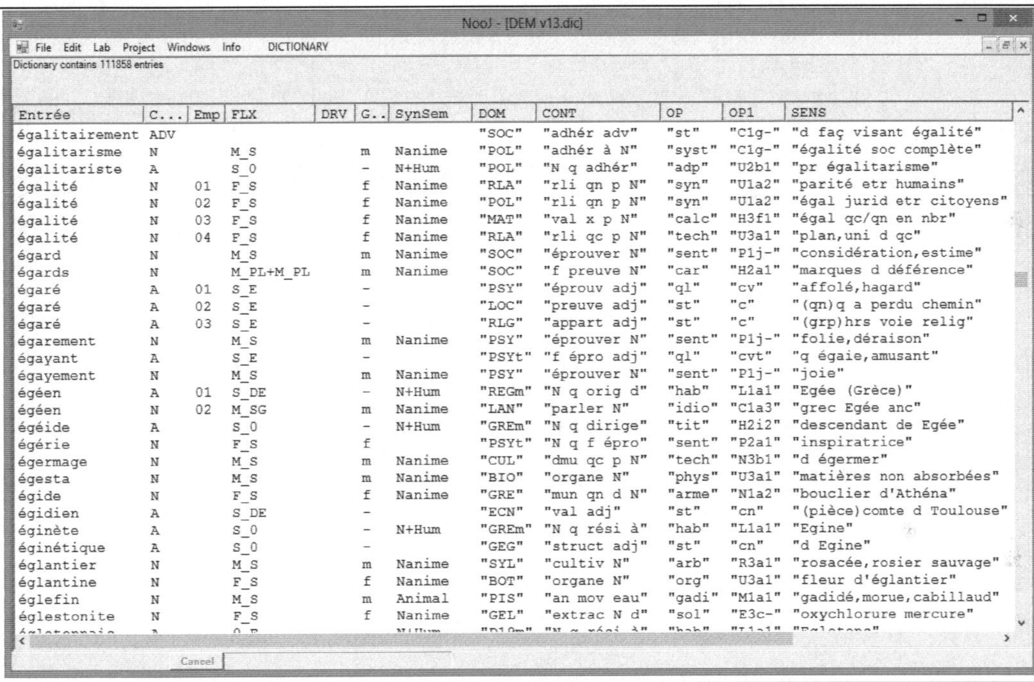

Entrée	C...	Emp	FLX	DRV	G..	SynSem	DOM	CONT	OP	OP1	SENS
égalitairement	ADV						"SOC"	"adhér adv"	"st"	"C1g-"	"d faç visant égalité"
égalitarisme	N		M_S		m	Nanime	"POL"	"adhér à N"	"syst"	"C1g-"	"égalité soc complète"
égalitariste	A		S_0		-	N+Hum	"POL"	"N q adhér"	"adp"	"U2b1"	"pr égalitarisme"
égalité	N	01	F_S		f	Nanime	"RLA"	"rli qn p N"	"syn"	"U1a2"	"parité etr humains"
égalité	N	02	F_S		f	Nanime	"POL"	"rli qn p N"	"syn"	"U1a2"	"égal jurid etr citoyens"
égalité	N	03	F_S		f	Nanime	"MAT"	"val x p N"	"calc"	"H3f1"	"égal qc/qn en nbr"
égalité	N	04	F_S		f	Nanime	"RLA"	"rli qc p N"	"tech"	"U3a1"	"plan,uni d qc"
égard	N		M_S		m	Nanime	"SOC"	"éprouver N"	"sent"	"P1j-"	"considération,estime"
égards	N		M_PL+M_PL		m	Nanime	"SOC"	"f preuve N"	"car"	"H2a1"	"marques d déférence"
égaré	A	01	S_E		-		"PSY"	"éprouv adj"	"ql"	"cv"	"affolé,hagard"
égaré	A	02	S_E		-		"LOC"	"preuve adj"	"st"	"c"	"(qn)q a perdu chemin"
égaré	A	03	S_E		-		"RLG"	"appart adj"	"st"	"c"	"(grp)hrs voie relig"
égarement	N		M_S		m	Nanime	"PSY"	"éprouver N"	"sent"	"P1j-"	"folie,déraison"
égayant	A		S_E		-		"PSYt"	"f épro adj"	"ql"	"cvt"	"q égaie,amusant"
égayement	N		M_S		m	Nanime	"PSY"	"éprouver N"	"sent"	"P1j-"	"joie"
égéen	A	01	S_DE		-	N+Hum	"REGm"	"N q orig d"	"hab"	"L1a1"	"Egée (Grèce)"
égéen	N	02	M_SG		m	Nanime	"LAN"	"parler N"	"idio"	"C1a3"	"grec Egée anc"
égéide	A		S_0		-	N+Hum	"GREm"	"N q dirige"	"tit"	"H2i2"	"descendant de Egée"
égérie	N		F_S		f		"PSYt"	"N q f épro"	"sent"	"P2a1"	"inspiratrice"
égermage	N		M_S		m	Nanime	"CUL"	"dmu qc p N"	"tech"	"N3b1"	"d égermer"
égesta	N		M_S		m	Nanime	"BIO"	"organe N"	"phys"	"U3a1"	"matières non absorbées"
égide	N		F_S		f	Nanime	"GRE"	"mun qn d N"	"arme"	"N1a2"	"bouclier d'Athéna"
égidien	A		S_DE		-		"ECN"	"val adj"	"st"	"cn"	"(pièce)comte d Toulouse"
éginète	A		S_0		-	N+Hum	"GREm"	"N q rési à"	"hab"	"L1a1"	"Egine"
éginétique	A		S_0		-		"GEG"	"struct adj"	"st"	"cn"	"d Egine"
églantier	N		M_S		m	Nanime	"SYL"	"cultiv N"	"arb"	"R3a1"	"rosacée,rosier sauvage"
églantine	N		F_S		f	Nanime	"BOT"	"organe N"	"org"	"U3a1"	"fleur d'églantier"
églefin	N		M_S		m	Animal	"PIS"	"an mov eau"	"gadi"	"M1a1"	"gadidé,morue,cabillaud"
églestonite	N		F_S		f	Nanime	"GEL"	"extrac N d"	"sol"	"E3c-"	"oxychlorure mercure"

1. Le dictionnaire DEM

De ce dictionnaire, nous avons dans un premier temps exclus les locutions (mots composés et expressions figées), les mots grammaticaux ainsi que les verbes puisque ceux-ci sont déjà décrits dans le dictionnaire LVF. Le dictionnaire résultant contient donc 111.858 entrées lexicales. Nous avons donc entrepris de l'implémenter dans NooJ. Pour ce faire, nous avons dû associer à toutes les entrées concernées un modèle flexionnel. Nous avons pour cela utilisé les modèles flexionnels de (Trouilleux 2012)[5].

Le dictionnaire résultant, implémenté dans la plateforme NooJ, contient 82.192 noms[6], parmi lesquels figurent plus de 6.000 entrées lexicales qui ont les deux catégories Nom et Adjectif, par exemple *abolitionniste*. Le dictionnaire DEM,

---

[4] Cf. (Dubois 2010).

[5] Le dictionnaire DEM étant bien plus large que le dictionnaire DM, il a fallu décrire la flexion de plus de 50.000 nouvelles entrées ; merci à Denis Le Pesant pour son aide.

[6] Parmi les noms recensés dans le DEM, figurent un grand nombre d'entrées lexicales qui ont les deux catégories Nom et Adjectif, par exemple *abolitionniste*. Le dictionnaire DEM, contrairement à d'autres dictionnaires, ne dédouble donc pas les éléments du vocabulaire qui ont deux fonctions syntaxiques.

contrairement aux autres dictionnaires utilisés en TAL, ne dédouble pas les éléments du vocabulaire qui ont deux fonctions syntaxiques. Parmi les noms, plus de 15.000 ont été répertoriés comme humains.

4 Analyse syntaxique

Avec NooJ, on peut construire des grammaires syntaxiques pour reconnaître des phrases, puis les appliquer à des textes de taille importante. Les quatre types de phrases de base sont :

— A (constructions intransitives), ex. : *On arrive à Lyon*
— N (constructions transitives indirectes), ex. : *Les échecs alternent avec les succès*
— P (constructions pronominales), ex. : *On s'accommode de la situation*
— T (constructions transitives directes), ex. : *La chaleur accable les estivants*

Il suffit ensuite d'insérer chacun la grammaire de chaque schéma de phrase une grammaire des groupes nominaux telle que celle décrite par (Silberztein 2004)[7].

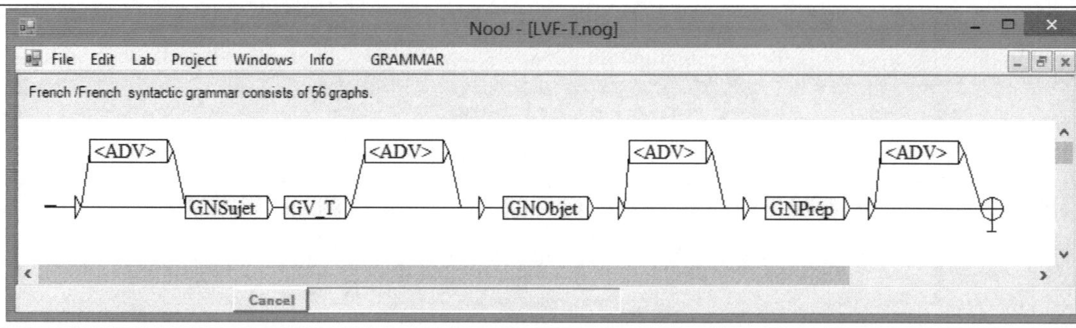

2. Grammaire T des phrases transitives

Si l'on dispose d'informations lexicales riches telles que celles du dictionnaire LVF, on peut les utiliser dans les grammaires afin d'éviter de nombreux résultats faux (« false positive »). Ainsi par exemple, les quatre types de constructions syntaxiques précédents sont systématiquement décrits dans le dictionnaire LVF : on peut donc associer chacune des quatre grammaires précédentes aux verbes qui acceptent les constructions correspondantes. Par exemple, utiliser des symboles NooJ comme <V+CONS="^T.*"> dans une grammaire permet de ne reconnaître que les verbes qui entrent dans les constructions de type T (transitives directes). On évite ainsi de reconnaître comme phrases transitives des phrases comme *Luc dort la nuit*. (Silberztein 2010) montrait comment construire des grammaires syntaxiques qui utilisent les données du dictionnaire LVF afin de départager les différents sens (ou emplois) des verbes.

Les codes de constructions associées aux entrées lexicales de LVF contiennent aussi des informations distributionnelles sur le sujet et les compléments de chaque emploi. Ainsi par exemple, pour le sujet du verbe :

1 : noms humains	2 : noms d'animaux	3 : noms de choses	4 : phrases	5 infinitives
6 : noms humains pluriel	7 : noms de choses pluriel	9 : noms concrets		

Grâce à l'intégration du DEM dans NooJ, on peut donc utiliser ces informations en les intégrant dans chacune des quatre grammaires syntaxiques A, N, P et T, simplement en associant les contraintes distributionnelles de LVF aux entrées lexicales du DEM. On peut donc construire des grammaires encore plus fines que celles décrites dans (Silberztein 2010), puisqu'on peut aussi vérifier que chaque emploi verbal a les « bons » types de sujet et de compléments.

[7] La grammaire des groupes nominaux est essentiellement l'implémentation de la grammaire des déterminants de (Gross 1977).

Ainsi par exemple, la construction transitive directe "T13..", sujet humain, complément d'objet direct de chose (que l'on trouve dans *Luc abaisse le rideau avec une manivelle*) est toujours traitée par la grammaire T ci-dessus, mais est maintenant associée aux deux contraintes distributionnelles sur les noms-têtes des groupes nominaux des grammaires GNSujet et GNObjet :

<N+Hum>/<VCONS="^T1">, <N+Nanime>/<VCONS="^T.3">

Le premier terme sélectionne un nom humain (<N+Hum>) si la construction associée au verbe (VCONS) a pour valeur une chaîne de caractères reconnue par l'expression rationnelle "^T1", qui signifie : le code de construction commence (^) par le caractère « T », suivi par le caractère « 1 ». Le second terme sélectionne un nom non-animé (<N+Nanime>) si la construction associée au verbe (VCONS) a pour valeur une chaîne de caractères reconnue par l'expression rationnelle "^T.3", i.e. le code de construction doit commencer par le caractère « T », peut être suivi par n'importe quel caractère (« . »), puis par le caractère « 3 ». En intégrant ces deux contraintes à la grammaire générique T et en appliquant celle-ci à des corpus de textes, on obtient des concordances comme la suivante :

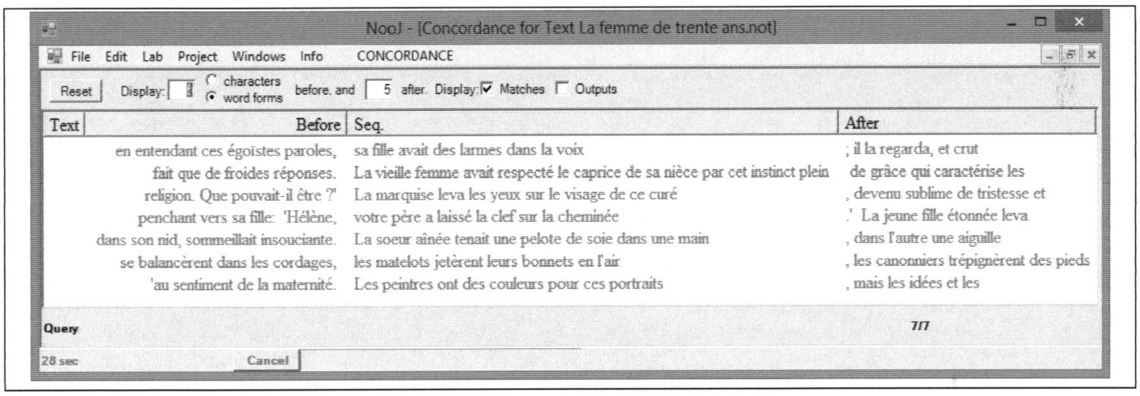

3. Concordance sur la structure "^T13.*"

Appliquer à nos corpus de textes les grammaires prototypiques A, N, P et T en tenant compte des contraintes distributionnelles a permis d'améliorer considérablement la précision de la recherche, par rapport aux résultats décrits par (Silberztein 2010) : les erreurs ont toutes pour origine une confusion systématique entre compléments circonstanciels et compléments instrumentaux (le code 8 dans LVF). En revanche, les contraintes distributionnelles ont réduit le rappel, puisqu'il n'est plus possible de retrouver des constructions qui contiennent un pronom (par ex. *Il l'a abaissé avec cela*), et toutes les métonymies sont maintenant exclues (par ex. *La table a éclaté de rire* dans le sens de *Les personnes autour de la table ont éclaté de rire*). Mais résoudre les références et les métonymies ne fait pas partie du projet strictement linguistique : nous pensons donc, paradoxalement, qu'un logiciel de TAL qui bute sur ces problèmes constitute un progrès significatif pour la linguistique par rapport à un logiciel de TAL qui ne distinguerait pas de différence entre *Les étudiants ont éclaté de rire* et *La table a éclaté de rire*.

En conclusion, il est désormais possible d'extraire automatiquement d'un corpus les phrases qui contiennent un emploi (i.e. un sens) spécifique d'un verbe : aucun autre outil de linguistique de corpus ne permet de faire ce type d'opération ; il s'agit là aussi d'un saut qualitatif significatif pour la linguistique de corpus.

Références

DUBOIS JEAN, DUBOIS-CHARLIER FRANÇOISE, 1997. *Les Verbes français*. Paris : Larousse-Bordas.

DUBOIS JEAN, DUBOIS-CHARLIER FRANÇOISE, 2010. *Dictionnaire électronique des mots*.

GROSS MAURICE, 1977. *Grammaire transformationnelle du français, 2 : Syntaxe du nom*. Larousse : Paris.

SILBERZTEIN MAX, 2004. Une description formalisée des déterminants français. In *Hommage à la mémoire de Maurice Gross*. Linguisticae Investigationes, E. Laporte, C. Leclère, M. Piot, M. Silberztein Eds. pp. 589-600.

SILBERZTEIN MAX, 2005. NooJ Dictionaries. In *Proceedings of the 2nd Language and Technology Conference*. Poznan.

SILBERZTEIN MAX. 2010. La formalisation du dictionnaire LVF avec NooJ et ses applications pour l'analyse automatique de corpus. In *Théorie, empirie, exploitation : l'exemple des travaux de Jean Dubois sur les verbes français*. Langages n° 179-180, Danielle Leeman, Paul Sabatier Eds.

Comment élaborer un article lexicographique à partir du dictionnaire électronique *Les Verbes Français*

Jacques François
Université de Caen & LATTICE (ENS – Paris 3)
jacques.francois@unicaen.fr

Résumé. Le dictionnaire *Les verbes français* se présente sous deux formats, l'édition-papier de 1997 et l'édition électronique en ligne. La première correspond à une approche prioritairement onomasiologique (des classes génériques aux entrées lexicales pouvant regrouper différentes constructions) et secondairement sémasiologique par son index. La seconde a une organisation prioritairement sémasiologique mais elle est par nature supérieure à la version papier car elle est permet le repérage rapide de groupes d'entrées par les opérations de tri hiérarchisé et de filtrage multiples. Sur cette base et au prix de quelques ajustements, on peut réordonner les entrées d'un verbe à partir du champ des opérateurs sémantiques et ainsi obtenir un article lexicographique dont la microstructure s'organise en fonction des valeurs sémantiques ordonnées par représentativité décroissante. L'article est illustré par l'étude du verbe *compter*.

Abstract. The dictionary *Les verbes français* may be used under two formats, namely the copy edition of 1997 and the digital edition on line. The former illustrates a primary onomasiologial approach (from generic classes to lexical entries which occasionnaly gather several constructions) and additionally a semasiological approach through the index. The latter displays a basically semasiological construal, but it is more useful than the copy edition, because it allows quickly locating sets of entries by using multiple hierarchised sorting and filtering. On that basis and after some adjustment the entries of a particular verb may be rearranged by using the Operator field. That operation delivers a dictionary article whose microstructure is organised along the semantic values arranged according to decreasing representativeness. The paper is illustrated by the investigation of the verb *compter.*

Mots-clés : onomasiologie, sémasiologie, article lexicographique, microstructure

Keywords : onomasioloy, semasiology, dictionary article, lexicographic microstructure.

1 Les deux formats du dictionnaire LVF

La présente étude s'inscrit dans la lignée de travaux antérieurs[1] sur la philosophie du dictionnaire électronique LVF conçu par Jean Dubois & Françoise Dubois-Charlier et dont la première version-papier à disposition onomasiologique remonte à 1997. Il est important de rappeler que LVF, tel Janus, a une double figure, c'est-à-dire offre un double accès à partir de 25610 entrées lexicales. Dans la version-papier de 1997 celles-ci sont rangées par classes que j'appellerai 'sémantaxiques' puisque chaque niveau de classement tient compte du contenu à véhiculer et de la structure de l'expression correspondante. Dans la version tabulaire, les entrées sont rangées par ordre alphanumérique et peuvent être filtrées selon 13 champs[2].

Je ne retiendrai ici que les sept plus importants, faisant abstraction notamment des champs concernant la conjugaison et les dérivations lexicales. Ces champs sont (cf. ci-dessous, 1ère entrée lexicale) l'intitulé de l'entrée (ex. COMPTER 01), le domaine conceptuel (ex. ENS pour 'enseignement'), la classe syntactico-sémantique (ex. H2b pour "avoir telle activité sociale, 235 entrées), l'opérateur sémantique (ex."f compte"), le "sens", c'est-à-dire les synonymes pour cette entrée particulière (ex.*calculer*, *dénombrer*), les "phrases", c'est-à-dire les illustrations (ex. *On apprend à c~, à c~jusqu'à dix dès six ans*.) et la ou les constructions (ex. A1q).

L'espace manque pour analyser la notation des constructions (cf. François, Le Pesant & Leeman 2007), il suffit de savoir que ce champ peut comporter une ou plusieurs constructions intransitives (notées A), transitives directes (T) ou indirectes (N) en relation d'alternance, c'est-à-dire partageant l'expression d'un même contenu mais pouvant différer quant à la structure informationnelle. Le dictionnaire a été construit selon une démarche syntactico-sémantique : les

1Outre le numéro 153 de la revue *Langue Française* dirigé par J. François, D. Le Pesant & D. Lehmann et spécialement son article d'introduction par les mêmes auteurs, je renvoie à François & Dutoit (2007), François (2008, 2009a, 2009b).
2Par une manipulation simple il est possible de restituer l'organisation de la version papier : il suffit de pratiquer un triple tri par les champs (1) CLA(sse) (2) CONST(ruction) (3) M(ot).

auteurs ont commencé par regrouper pour chaque verbe les constructions en relation d'alternance à partir desquelles ils ont délimité les entrées lexicales en leur attachant un opérateur sémantique décomposable en un sous-opérateur primaire (par ex. pour COMPTER 01 "f" pour *faire*), une classe syntactico-sémantique et un domaine conceptuel. Leur démarche a constitué ensuite à regrouper les entrées ainsi constituées en classes de plus en plus étendues jusqu'aux 14 classes dites "génériques". La version–papier de 1997 fournit le résultat impressionnant de cette architecture initialement fondée sur 25600 paires {verbe, construction(s alternantes)}.

2 Pourquoi le filtrage dans LVF des entrées associées à un même verbe ne fournit pas pour autant un article lexicographique

Je me propose ici de montrer comment constituer sur cette base l'article lexicographique d'un verbe, en l'occurrence *compter*, que j'ai eu l'occasion d'examiner en détail par le passé (cf. François 2009b). Dans la version-papier de 1997, l'index fournit un point de départ, mais lacunaire faute de place : seule la classe syntactico-sémantique est mentionnée et la recherche de l'entrée lexicale dans la partie onomasiologique du dictionnaire demande un certain entraînement !

compter 01	H2b	**compter 10**	L2b
compter 02	C2f	**compter 11(ne)**	S4b
compter 03	C2f	**compter 12**	P1i
compter 04	L3b	**compter 13**	P1d
compter 05	H3f	**compter 14**	U2a
compter 06	D2c	**compter 15**	H2k
compter 07	D2a	**compter 16**	H3f
compter 08	S4h	**compter 17**	H2k
compter 09	H3f	**compter 18**	S3k

TABLE 1 : Les 18 entrées du v. COMPTER dans l'index de la version-papier de LVF (1997)

Dans la version électronique, si l'on filtre "*compter*" dans le premier champ, on obtient les mêmes 18 entrées déclinées au long de 13 champs dont je retiens les sept mentionnés plus haut (Tableau 2).

M	DOM	CLA	OPER	SENS	PHRASE	CONST
01	ENS	H2b	f compte	calculer, dénombrer	On apprend à c~, à c~jusqu'à dix dès six ans.	A1q
02	MAT	C2f	dic qc, qn+pl nbr	dénombrer	On c~les présents.Ses exploits se c~sur les doigts.	T1700
03	MAT	C2f	dic qc, qn+pl suite	énumérer reste	On c~les jours, les heures.On c~maintenant ses amis.	T1700
04	DRO	L3b	lc qc DS compte	faire entrer dans	On c~les taxes dans le prix.	T13j0 P30j0
05	ECN	H3f	val dépenses	calculer	On c~tout.On c~pour joindre les deux bouts.	T1306 A10
06	MON	D2c	abda arg A qn	facturer	On c~le déplacement au client.On c~mille francs pour cela.	T13a6 P3006
07	MON	D2a	dat arg A qn	verser, débourser	Le caissier c~dix mille francs à P.	T13aq
08	TPS	S4h	grp abs	avoir à son actif	On c~trente années de métier.	T1300
09	TPS	H3f	val qc à l'avance	évaluer	On c~ce travail pour tant.	T1306
10	SOC	L2b	lc qn DS groupe	avoir parmi d'autres	On c~des ministres parmi ses amis.	T11j0
11(ne)	PSY	S4b	dgrp abs	passer sous silence	On ne c~pas la fatigue, la peine, l'angoisse qu'on a eue.	T1300
12	PSY	P1i	sent espoir Q/inf	attendre que	On c~venir demain, que P se rende chez Luc.	T1500
13	PSY	P1d	sent espoir SR	espérer après	On c~sur P pour s'occuper des enfants.On c~sur ça, on y c~.	N1g
14	PSY	U2a	li+ql AV abs	tenir compte de	On c~avec la hausse des prix, les lenteurs de la justice.	N1c
15	PSY	H2k	val+qt abs pr	avoir de l'importance	On c~bcp pour P, dans sa réussite.	A16
16	JEU	H3f	(qc)val c prix	valoir	Cette faute c~pour trois points.	A36

17	SOC	H2k	val+qt pr qn	avoir grde valeur pour	On c~beaucoup parmi ses amis.	A16
18	REC	S3k	(qc)grp constituant	comprendre, comporter	La collection c~des tableaux célèbres.	T330

TABLE 2 : Les 18 entrées du v. COMPTER filtrées dans la version électronique de LVF

Si l'on examine de près ces 18 entrées, on constate que leur ordre est assez énigmatique[3]. Cela tient sans doute au propos essentiel des auteurs : fournir d'abord un dictionnaire des verbes français en format onomasiologique et non sémasiologique. Cet objectif n'a pas eu un grand succès pour deux raisons : d'une part l'introduction à la version-papier était très succincte et ne permettait pas de s'approprier aisément son contenu et d'autre part elle annonçait l'existence d'une version électronique à laquelle personne n'avait accès, ce qui empêchait pratiquement toute recherche fondée sur un outil incomplet.

Au milieu des années 2000, J. Dubois & F. Dubois-Charlier ont pu mettre la version électronique du dictionnaire à la disposition de la communauté scientifique, ce qui a permis la parution du n° 153 de *Langue Française* et les recherches qui se sont ensuivies (cf. Leeman & Sabatier, 2010), notamment aux universités de Paris-Ouest (D. Le Pesant et D. Leeman), de Caen (J. François, D. Dutoit et M. Sénéchal), de Marseille (P. Sabatier), de Stuttgart (A. Stein) et de Montréal (G. Lapalme).

Revenons à la question de l'ordre des entrées lexicales. Tout dictionnaire traitant un mot polysémique suit un protocole fixe de mise en ordre des entrées ou rubriques, soit de l'emploi le plus général au plus particulier, soit de l'emploi le plus ancien au plus récent, par exemple. Dans le cas des verbes, certains dictionnaires comme le Robert ordonnent l'article en premier lieu selon les types de construction (intransitive, transitive, pronominale). D'autres, comme le Dictionnaire LEXIS de la langue française, pratiquent fréquemment un dégroupement sémantique préalable. Ainsi dans ce dictionnaire le verbe *tenir* est dégroupé en sept articles. Chacun de ces articles peut ensuite présenter un ou plusieurs types de constructions.

Deux options s'offrent donc a priori à nous : soit ordonner les entrées en fonction du champ des constructions, soit le faire à partir du champ des classes syntactico-sémantiques.

La première option est représentée dans le Tableau 3[4]. On distingue ainsi trois regroupements : en premier les quatre entrées {15, 17, 01, 16} avec construction intransitive [groupe A], puis les deux entrées {14, 13} avec une construction transitive indirecte [groupe N], et enfin les douze autres entrées avec au moins une construction transitive et en outre une construction transitive indirecte pour *compter* 05 et une construction pronominale[5] pour *compter* 06, 04 [groupe T (A) (P)]. Cet ordonnancement est fondamentalement de même nature que celui de l'article *compter* dans le Robert (cf. Tableau 4). Cependant dans le détail, les options sont sensiblement différentes : dans le Robert, les rubriques transitives figurent en premier, les rubriques intransirives et transitives directes sont confondues en second, et une entrée spécifique pronominale est prévue[6].

M	CLA	OPER	SENS	PHRASE	CONST	
15	H2k	val+qt abs pr	avoir de l'importance	On c~bcp pour P, dans sa réussite.	A16	
17	H2k	val+qt pr qn	avoir grde valeur pour	On c~beaucoup parmi ses amis.	A16	**A**
01	H2b	f compte	calculer, dénombrer	On apprend à c~, à c~jusqu'à dix dès six ans.	A1q	
16	H3f	(qc)val c prix	valoir	Cette faute c~pour trois points.	A36	
14	U2a	li+ql AV abs	tenir compte de	On c~avec la hausse des prix, les lenteurs de la justice.	N1c	**N**
13	P1d	sent espoir SR	espérer après	On c~sur P pour s'occuper des enfants.	N1g	

3 Merci à D . Le Pesant pour son indication que le champ DOM(aine) régit partiellement cet ordre.

4 J'écarte dans ce tableau le champ DOM qui est d'un intérêt marginal pour mon propos.

5 On notera qu'une difficulté du maniement de LVF tient à ce que fréquemment une construction pronominale est mentionnée dans le champ CONST sans être illustrée dans le champ PHRASE (c'est le cas pour *compter* 04 et 06), tandis qu'inversement une construction pronominale peut figurer dans ce champ sans être introduite dans larubrique CONST (ex. *compter* 02 : *Ses emplois se comptent sur les doigts*).

6 Dans le champ CONST de LVF une construction pronominale peut figurer en premier avant une construction transitive (cf. François 200), mais ce n'est pas le cas pour les constructions en alternance de *compter* 04 et 06, ce qui indique que la construction pronominale y est considérée comme dérivée de la transitive).

				On c~sur ça, on y c~.		
10	L2b	lc qn DS groupe	avoir parmi d'autres	On c~des ministres parmi ses amis.	T11j0	
08	S4h	grp abs	avoir à son actif	On c~trente années de métier.	T1300	
11(ne)	S4b	dgrp abs	passer sous silence	On ne c~pas la fatigue, la peine, l'angoisse qu'on a eue.	T1300	
09	H3f	val qc à l'avance	évaluer	On c~ce travail pour tant.	T1306	
05	H3f	val dépenses	calculer	On c~tout. On c~pour joindre les deux bouts.	T1306 A10	
06	D2c	abda arg A qn	facturer	On c~le déplacement au client. On c~mille francs pour cela.	T13a6 P3006	**T (A) (P)**
07	D2a	dat arg A qn	verser, débourser	Le caissier c~dix mille francs à P.	T13aq	
04	L3b	lc qc DS compte	faire entrer dans	On c~les taxes dans le prix.	T13j0 P30j0	
12	P1i	sent espoir Q/inf	attendre que	On c~venir demain, que P se rende chez Luc.	T1500	
02	C2f	dic qc, qn+pl nbr	dénombrer	On c~les présents. Ses exploits se c~sur les doigts.	T1700	
03	C2f	dic qc, qn+pl suite	énumérer reste	On c~les jours, les heures. On c~maintenant ses amis.	T1700	
18	S3k	(qc)grp constituant	comprendre, comporter	La collection c~des tableaux célèbres.	T3300	

TABLE 3 : Ordonnancement des entrées du v. COMPTER à partir du champ CONST

En tout état de cause, le français étant une langue historique et non fonctionnelle dans la terminologie d'E. Coseriu (1988) – ou en d'autres termes une langue naturelle et non artificielle – le brassement des structures qu'a connu le français au cours de son histoire réduit l'iconicité entre structures sémantiques et structures morphosyntaxiques à une peau de chagrin. De ce fait, organiser un article lexicographique en fonction de ces dernières est commode, mais sans grande valeur sémantique.

La seconde option consiste à ordonner les entrées à partir du champ CLA(sse). Mais on peut aller plus loin. les auteurs ont constitué les classes syntactico-sémantiques à partir des constructions et de l'opérateur sémantique. Cela signifie qu'un même opérateur sémantique et plus généralement un même sous-op. primaire ne peut pas figurer dans deux classes différentes. On peut donc tenter d'ordonner les entrées à partir du champ OPER. Il faut toutefois procéder d'abord au déplacement de l'éventuelle mention en tête de la sous-catégorisation du sujet grammatical qu'on va disposer à droite du sous-op. primaire. Cette opération préalable touche deux entrées, *compter* 16, où "(qc)val c prix" est reformulé en "val (qc) c_prix" et *compter* 18 où "(qc)grp constituant" l'est en "grp (ac) constituant".

compter v.
I V. tr.
1 Déterminer (une quantité) par le calcul; spécialt, établir le nombre de.
2 Mesurer avec parcimonie.
3 Payer (qqch.) à qqn.
4 Mesurer (le temps).
5 **Vx (langue class.).** | *Compter* (qqch., dans une successivité) *par...*
6 Comprendre* dans un compte, un total, une énumération...
7 **Littér.** | *Compter (qqch.) pour...*
II V. intr. et tr. ind.
1 **Intrans.** Calculer. ¨ **Fig.** Être attentif à ses intérêts.
2 a **COMPTER AVEC :** tenir compte de.
3 **Trans. ind. Vx.** | *Compter de* (qqch.) .. rendre compte* de (qqch.).
4 a **Trans. ind. Vx.** | *Compter de* (et inf.) : former le projet de...
b **Mod.** | *Compter* (et inf.).
5 a **COMPTER SUR :** faire fond, s'appuyer sur. **Fam. et iron.** *Compte là-dessus; compte là-dessus et bois de l'eau fraîche :* n'y compte pas.
6 **Intrans.** Entrer en ligne de compte, avoir de l'importance (correspond au sens du passif *être compté*).
7 Être (parmi). | *Compter parmi, au nombre de.*
8 **Vx. Dater. — Mod.** *À compter de :* à partir de.

se compter v. pron.
Se mettre au nombre de. | *Je*
2 Être compté; être susceptible d'être dénombré. .. Se dénombrer, dénombrer la quantité de personnes composant un groupe (en parlant des membres de ce groupe).

TABLE 4 : Composition de l'article ***compter*** du *Dictionnaire Robert de la langue française*

Le Tableau 5 représente le résultat de ce réordonnancement. J'y ai décomposé le champ CLA en deux colonnes, en CL1 l'indication du niveau 1 de classement (la classe générique) et en CL2 celle des deux niveaux suivants. Cela permet de constater des regroupements, ceux de *compter* 06 et 07 en classe générique D (avec deux sous-opérateurs primaires de sens inverse : 'abda' et 'dat'), celui de *compter* 03 et 02 en C (avec le même sous-op. primaire 'dic'), celui de *compter* 18 et 08 en S (avec le même sous-op. 'grp'), celui de *compter* 04 et 10 (avec le même sous-op. 'lc'), celui de *compter* 12 et 13 (avec le même sous-op. 'sent') et surtout celui de *compter* 16, 05, 09, 15 et 17 avec deux variantes du même sous-op. 'val' et 'val+qt'. Sur cette base on peut constituer un article lexicographique selon les trois principes suivants :

a) la numérotation des entrées et l'indication des classes syntactico-sémantiques sont omises ;

b) les entrées qui partagent une même classe générique partagent une même numérotation romaine ; celle qui partagent un même sous-op. partagent une même numérotation arabe ;

c) le groupe des entrées qui ont le plus grand nombre de sous-op. en commun figure en tête, et ainsi de suite.

De ce fait le premier groupe I correspond à la classe générique H et dans ce groupe les trois entrées partageant le sous-op. 'val' sont classées en I—1 et les deux entrées qui partagent sa variante 'val+qt' le sont en I—2. Elles sont suivies en I—3 de l'entrée désignée par l'opérateur 'f compte' qui relève de la même classe générique H.

3 Conclusion

Le dictionnaire *Les verbes français* se présente explicitement dans un format onomasiologique pour sa version-papier de 1997 et implicitement sémasiologique pour sa version tabulaire en ligne[7]. À partir du filtrage des entrées de tous les verbes polysémiques, il est possible de constituer de véritables articles lexicographiques moyennant quelques ajustements mineurs. L'automatisation de ces ajustements et l'édition d'un dictionnaire *LVF* alphabétique permettrait de comparer efficacement les vertus de *LVF* et de son concurrent direct *DicoValence* édité par l'université de Louvain[8] (en dépit d'un nombre d'entrées lexicales quatre fois plus réduit).

M	CL1	CL2	OPER	SENS	PHRASE	CONST
06	D	2c	**abda arg_A_qn**	facturer	On c~le déplacement au client. On c~mille francs pour cela.	T13a6 P3006
07		2a	**dat arg_A_qn**	verser, débourser	Le caissier c~dix mille francs à P.	T13aq
11(ne)	S	4b	**dgrp abs**	passer sous silence	On ne c~pas la fatigue, la peine, l'angoisse qu'on a eue.	T1300
03	C	2f	**dic qc, qn+pl_suite**	énumérer reste	On c~les jours, les heures. On c~maintenant ses amis.	T1700
02			**dic qc,qn+pl_nbr**	dénombrer	On c~les présents. Ses exploits se c~sur les doigts.	T1700
01	H	2b	**f compte**	calculer, dénombrer	On apprend à c~, à c~jusqu'à dix dès six ans.	A1q
18	S	3k	**grp (qc) constituant**	comprendre, comporter	La collection c~des tableaux célèbres.	T3300
08		4h	**grp abs**	avoir à son actif	On c~trente années de métier.	T1300
04	L	3b	**lc qc_DS_compte**	faire entrer dans	On c~les taxes dans le prix.	T13j0 P30j0
10		2b	**lc qn_DS_groupe**	avoir parmi d'autres	On c~des ministres parmi ses amis.	T11j0
14	U	2a	**li+ql AV_abs**	tenir compte de	On c~avec la hausse des prix, les lenteurs de la justice.	N1c
12	P	1i	**sent espoir_Q/inf**	attendre que	On c~venir demain, que P se rende chez Luc.	T1500
13		1d	**sent espoir_SR**	espérer après	On c~sur P pour s'occuper des enfants. On c~sur ça, on y c~.	N1g
16	H	3	**val (qc) c _rix**	valoir	Cette faute c~pour trois points.	A36
05			**val dépenses**	calculer	On c~tout. On c~pour joindre les deux bouts.	T1306 A10
09			**val qc_à_l'avance**	évaluer	On c~ce travail pour tant.	T1306
15		2k	**val+qt abs_pr**	avoir de l'importance	On c~bcp pour P, dans sa réussite.	A16
17			**val+qt pr_qn**	avoir grde valeur pour	On c~beaucoup parmi ses amis.	A16

Table 5 : Réordonnancement des entrées du v. *compter* à partir du champ OPER

7URL : http://rali.iro.umontreal.ca/rali/?q=fr/node/1237

8URL : http://bach.arts.kuleuven.be/dicovalence/

Références

COSERIU E. (1988). *Einführung in die allgemeine Sprachwissenschaft*. Tübingen : Narr.

DUTOIT D., FRANÇOIS J. (2007).Changer et ses synonymes majeurs entre syntaxe et sémantique : le classement des Verbes français en perspective. *Langue française* n°153 : 40-57.

FRANÇOIS J., LE PESANT D. & LEEMAN D.(2007). Présentation de la classification des Verbes Français de J. Dubois et F. Dubois-Charlier. *Langue française* n°153 : 3-19.

FRANÇOIS J. (2008). Entre évènements et actions : les schèmes composés de constructions syntaxiques du dictionnaire *Les verbes français* de J. Dubois & F. Dubois-Charlier. *LIDIL* n° 37 : 175-189.

FRANÇOIS J. (2009). Perte de prédicativité et auxiliarisation en français - Examen intégratif de deux ressources lexicales. In : A. Ibrahim (dir.), *Prédicats, prédication et structures prédicatives*, 147-161. Paris : Cellule de Recherche en Linguistique.

FRANÇOIS J. (2009). Fléchage synonymique ou analyse componentielle dans l'examen de la polysémie verbale ? *Pratiques* n°141 : 65-78

LEEMAN D. (2010). Description, taxinomie, systémique : un modèle pour les emplois des verbes français. *Langages* n°179-180 : 5-29.

LEEMAN D., SABATIER P. (2010). *Empirie, théorie, exploitation : le travail de Jean Dubois sur les verbes français*. *Langages* n°179-180.

N°	Op1	Op-suite	déf. développée & exemple	synonymes
COMPTER				
I—1.	val	dépenses	donner la valeur de dépenses *On c~ tout. On c~ pour joindre les deux bouts.*	⇨ calculer
		qc à l'avance	donner la valeur de qc à l'avance *On c~ ce travail pour tant.*	⇨ évaluer
		(qc) c prix	qc a un prix *Cette faute c~ pour trois points.*	⇨ valoir
I—2.	val+qt	abs pr	avoir une grande valeur abstraite pour *On c~ bcp pour P, dans sa réussite.*	⇨ avoir de l'importance
		pr qn	avoir une grande valeur pour qn *On c~ beaucoup parmi ses amis.*	⇨ avoir grde valeur pour
I—3.	f	compte	faire le compte de qc *On apprend à c~ , à c~ jusqu'à dix dès six ans.*	⇨ calculer,dénombrer
II.	dic	qc,qn+pl nbr	dire le nombre de choses / personnes *On c~ les présents. Ses exploits se c~ sur les doigts.*	⇨ dénombrer
		qc,qn+pl suite	dire la suite de choses / personnes *On c~ les jours,les heures. On c~ maintenant ses amis.*	⇨ énumérer reste
III	lc	qn DS groupe	repérer qn dans un groupe *On c~ des ministres parmi ses amis.*	⇨ avoir parmi d'autres
		qc DS compte	repérer qn dans un compte *On c~ les taxes dans le prix.*	⇨ faire entrer dans
IV	sent	espoir SR	ressentir de l'espoir sur *On c~ sur P pour s'occuper des enfants. On c~ sur ça,on y c~ .*	⇨ espérer après
		espoir Q/inf	ressentir l'espoir que qc arrive / de faire qcattendre que *On c~ venir demain, que P se rende chez Luc*	
V—1.	dat	arg A qn	donner de l'argent à qn *Le caissier c~ dix mille francs à P.*	⇨ verser,débourser
V—2.	abda	arg A qn	prendre de l'argent à qn *On c~ le déplacement au client. On c~ mille francs pour cela* .	⇨ facturer
VI—1.	dgrp	abs	ôter qc d'abstrait *On ne c~ pas la fatigue, la peine, l'angoisse qu'on a eue.*	⇨ passer sous silence
VI—2.	grp	abs	être doté de qch d'abstrait *On c~ trente années de métier.*	⇨ avoir à son actif
		(qc) constituant	être doté d'un constituant *La collection c~ des tableaux célèbres.*	⇨ comprendre, comporter
VII	li	AV abs	lier ensemble qc d'abstrait *On c~ les présents. Ses exploits se c~ sur les doigts.*	⇨ tenir compte de

TABLE 6 : Article lexicographique constitué à partir du classement du Tableau 5

MusiTAL : une partition à six mains pour le TAL

Marie Dozol[1] Paul Sabatier[2] Marie-Hélène Stéfanini[2]

(1) Aéropôle, D20H, route de l'aéroport, 13288 Marseille Cedex 9
(2) LIF, AMU, CNRS, 163 avenue de Luminy, 13288 Marseille Cedex 9

mdozol@webmail.alten.fr, paul.sabatier@lif.univ-mrs.fr, marie-helene.stefanini@lif.univ-mrs.fr

Résumé.

Nous présentons MusiTAL, une application d'analyse/synthèse de phrases dans le domaine de la musique, que nous avons conçue à partir des données du *Dictionnaire électronique des mots* (DEM) des Dubois et développée au moyen du logiciel ILLICO.

Abstract.

We describe a sentence analysis/synthesis application in music domain, MusiTAL, we have conceived from data described in Dubois' Electronic dictionary of words and developed by means of the ILLICO software.

Mots-clés : Dictionnaire électronique des mots des Dubois, DEM, ontologie, musique, analyse/synthèse de phrases, ILLICO.

Keywords: Dubois' electronic dictionary of words, ontology, DEM, music, sentences analysis/synthesis, ILLICO.

1 Introduction

Quel spécialiste de TAL n'a pas rêvé (ou rêve encore) de disposer de ressources linguistiques finement décrites dans un format approprié qui se prêteraient alors à une exploitation et à une intégration dans différents systèmes de TAL ? Les projets et initiatives ne manquent pas dans les communautés nationales et internationales, pour produire, développer, formater, enrichir et exploiter des ressources liées aux langues et à la faculté de langage (lexiques, grammaires, ontologies, etc.). Pour le français, les «TAListes » épris de la langue dans sa spécificité et ayant la volonté de formaliser ce qui peut l'être, n'ont pas manqué de regarder de près ce que pourraient leur apporter les travaux sur les lexiques-grammaires de Maurice Gross et de son équipe (Gross, 1994), de Maurice Salkoff (grammaire en chaîne) (Salkoff, 1973). Les ressources lexicales à grande couverture comme WordNet (Fellbaum, 1998), FrameNet (Baker, Fillmore, Lowe, 1998), VerbNet (Kipper-Schuler, 2005) ou Dicovalence (Van Den Eynde, Mertens, 2006) sont particulièrement utiles pour l'anglais. Ces ressources ont fait et font l'objet de formatages, de mises au point et d'exploitations dans la communauté TAL.

Dans cet article, nous nous intéressons à un autre ensemble de ressources développé par Jean Dubois et Françoise Dubois-Charlier. Nous présentons MusiTAL, un système d'analyse/synthèse de phrases dans le domaine de la musique, que nous avons conçu à partir des données que les Dubois ont décrites dans leur *Dictionnaire électronique des mots*.

2 Le Dictionnaire Electronique des mots (DEM)

Jean Dubois et Françoise Dubois-Charlier ont développé un dictionnaire électronique des mots (DEM) du français qui comprend 145333 entrées. Une présentation de DEM est donnée dans (Dubois, Dubois-Charlier, 2010), avec, à titre d'illustration, la description de 1 450 termes du domaine de la musique. Chaque entrée de DEM est constituée des rubriques suivantes :

- M : mot d'entrée (avec différenciation par des numéros en cas d'homonymie) ;
- CA : catégorie grammaticale (catégories traditionnelles complétées par une indication sur le référent (humain, chose, animal, masculin, singulier, invariable, etc.) ;
- GP : caractéristiques de formation pour le genre et le nombre (29 étiquettes pour la formation du féminin, 23 pour la formation du pluriel) ;
- DOM : indique le domaine ou "champ lexical/paradigmatique (186 domaines sont recensés), le niveau de langue (éventuellement), les régionalismes (francophonie : Belgique, Canada, Suisse) ;
- SENS : définition tirée des dictionnaires de référence (parfois ce peut être un synonyme).
Ex. : *chef d'orchestre*, SENS = "qui mène un orchestre" ;
- CONT (Contexte) : pour les adjectifs (ou adverbes), indique le nom (ou le verbe) prototype qu'il peut qualifier.
Ex. : *antiphonique*, CONT = "chant", *moderato*, CONT = "jouer adv" ; pour les noms, complète la définition par un hyperonyme. Ex. : *crooner*, CONT = "chanteur" ; pour les verbes, indique un verbe prototype.
Ex. : *pianoter*, CONT = "N jouer" ;
- OP (Opérateur) : indique une sous-classe sémantique associée au mot en liaison avec CONT.
Ex. : *chef d'orchestre*, OP = "spé" pour spécialité ;
- OP1 (Classe de verbe associée) : pour les noms, adjectifs et adverbes, indique la classe de verbes avec lesquels ils peuvent se combiner. Il s'agit des 14 classes sémantiques génériques de verbes, sous-catégorisées en 54 classes sémantico-syntaxiques (selon les oppositions être vivant/non-animé et propre/figuré (ou métaphorique)) qui se répartissent en 248 sous-classes syntaxiques selon leurs constructions syntaxiques et leur paradigme lexical.

3 MusiTAL = DEM (Musique) + ILLICO + GNF

Dans le cadre de l'initiative FondamenTAL[1], nous nous sommes intéressés à concevoir une application à partir d'un sous-ensemble des mots de DEM, à savoir celui constitué par les noms, adjectifs, verbes et adverbes du domaine de la musique, soit près de 1 450 entrées de DEM. L'application développée permet d'analyser, de synthétiser (ou « générer ») ou d'aider à composer des phrases dans le domaine de la musique, comme par exemple :

Les clochettes tintinnabulent. La guitare de Max est désaccordée. Luc entonne l'Internationale. Léa joue du saxophone. Le balafon est un idiophone à percussion. Marie a l'oreille musicale. Léo siffle comme un merle. Quelles sont les cantates composées par Bach ?

L'application a été développée au moyen du logiciel ILLICO (Pasero, Sabatier, 2008). Les phrases sont analysées/synthétisées/composées à partir de GNF, une grammaire noyau décrivant les constructions fondamentales du français. Une représentation sémantique de type logique est automatiquement associée à chaque phrase bien formée.

Par exemple, pour la phrase : *Le chef de chœur chante comme une casserole.*

MusiTAL produit la représentation sémantique (Figure 1) :

[1] FondamenTAL : http://www.talep.lif.univ-mrs.fr/FondamenTAL.html

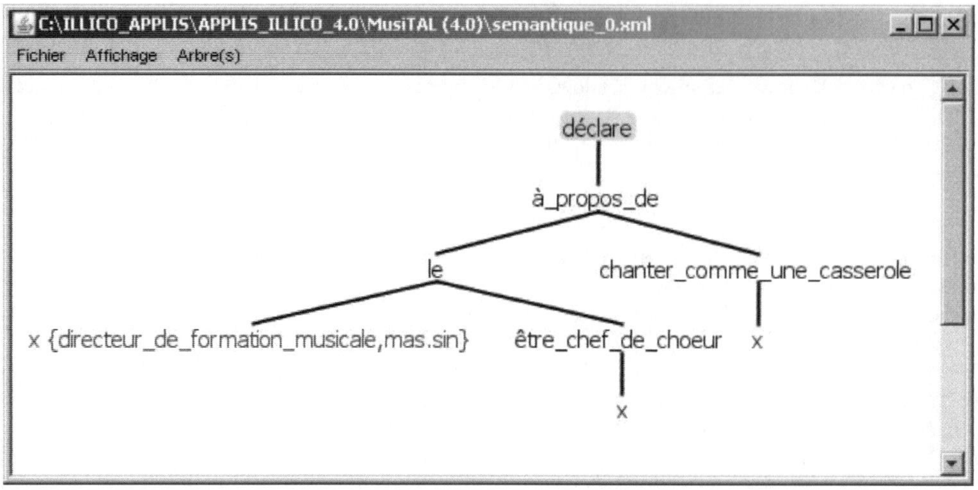

Figure 1 – MusiTAL : représentation sémantique

L'important dans ce type d'application est de pouvoir dire si une phrase analysée est bien formée. Si c'est le cas, une (ou plusieurs, en cas d'ambiguïté) représentation sémantique est automatiquement associée. Si la phrase est mal formée, des corrections lexicales, syntaxiques et conceptuelles sont proposées. Les phrases synthétisées doivent être bien sûr bien formées. Ces contraintes en analyse et en synthèse nécessitent une description très fine des données linguistiques, et cela à différents niveaux de bonne formation. La définition et la formalisation des contraintes de bonne formation lexico-morpho-syntaxiques ne constituent pas une tâche insurmontable. La littérature abonde de descriptions et de règles formelles pour ces domaines. C'est plutôt au niveau de la bonne formation conceptuelle que la tâche à réaliser est importante. Par exemple, pour le domaine qui nous intéresse ici, il faut pouvoir considérer que, par exemple, les phrases suivantes sont plutôt perçues comme conceptuellement malformées :

La guitare tintinnabule. Max accorde le triangle. Luc remplace une corde de la clarinette. Max souffle dans le sistre.

Une phrase est conceptuellement bien formée si la représentation sémantique associée décrit une situation conceptuellement possible, c'est-à-dire, de façon plus formelle, si les relations et les individus qu'elle met en jeu sont compatibles. L'expression d'une telle compatibilité peut être formulée au niveau du lexique et des règles syntaxiques au moyen de « traits sémantiques » spécifiques. Dans ILLICO, cette compatibilité peut être formulée de façon plus modulaire et déclarative au moyen de ce qu'on appelle le modèle conceptuel. Le modèle conceptuel rend compte de phénomènes relevant du domaine traditionnel de la sémantique dite lexicale. Le caractère conceptuellement bien formé d'une phrase est établi dans ILLICO à partir de deux types de contraintes conceptuelles : les contraintes de domaines et les contraintes de connectivité. De façon pratique pour ce qui est des contraintes de domaines, la vérification du caractère conceptuellement bien formé d'un énoncé consiste simplement à vérifier la compatibilité des types associés aux individus, aux relations et aux fonctions des éléments de la représentation sémantique intermédiaire de l'énoncé. Cela suppose que les constantes, les variables logiques et les symboles relationnels et fonctionnels soient typés conceptuellement. Le modèle conceptuel contient les connaissances permettant d'associer un type conceptuel aux constantes, aux variables logiques et aux symboles relationnels et fonctionnels de la représentation intermédiaire. Le traitement conceptuel consiste alors à vérifier leur compatibilité (Pasero, Sabatier, 2008).

Pour la mise au point des contraintes conceptuelles de domaine, les dictionnaires des Dubois trouvent tout leur intérêt. En effet, comme pour le LVF (Dubois, Dubois-Charlier, 1997), l'intérêt de DEM réside en particulier dans la nature des informations sémantiques qu'il contient, avec pour chaque entrée les trois rubriques CONT (Contexte), OP (Opérateur) et OP1(Classe de verbe associée).

Exemple : Accordéoniste CONT = "N qui joue de", OP = "spéc", OP1 = "C1c3" signifie :

un accordéoniste est une personne qui joue d'un instrument (défini dans la rubrique SENS), dont c'est la spécialité ("spéc"), ce qui en fait le sujet de verbes exprimant l'idée d' "émettre des sons à fonction expressive et esthétique" (C1c3 est une des 54 classes sémantico-syntaxiques typant les 25 609 emplois de verbes dans LVF). Pour une présentation détaillée des classes du domaine de la musique, on consultera (Dubois, Dubois-Charlier 2010).

La figure 2 donne un extrait du modèle conceptuel que nous avons construit à partir des indications fournies dans le DEM, pour ce qui concerne la classification et la hiérarchie des différents domaines conceptuels (ou "classes" ou "types") associés aux noms.

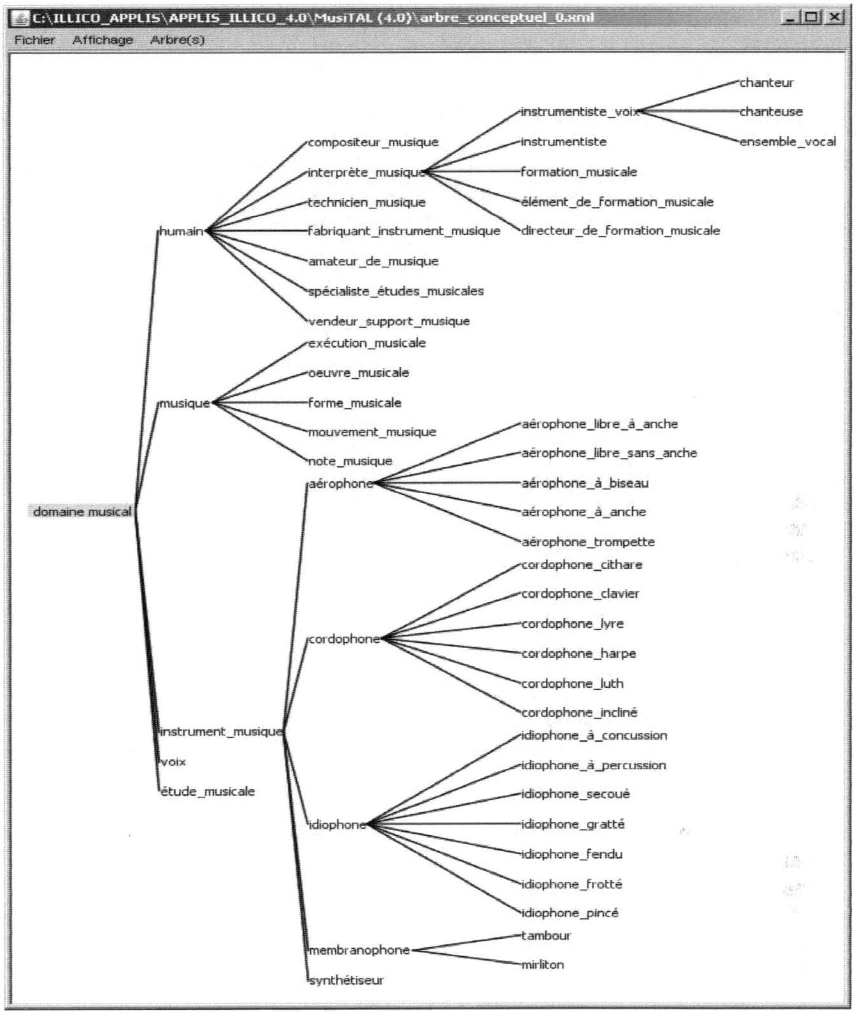

Figure 2 – MusiTAL : extrait du modèle conceptuel

Les feuilles de l'arbre conceptuel correspondent aux noms. Par exemple, le type "formation_musicale" est associé aux noms suivants : *bagad, big band, boeuf, chanterie, chantrerie, clique, cobla, combo, ensemble, fanfare, formation, gamelan, harmonie, jam-session, jazz-band, manécanterie, musique militaire, octuor, orchestre musette, orchestre, orphéon, otteto, philharmonie, quartet, quartette, quatuor, quintet, quintette, ripieno, septuor, sextuor, takht, taraf, trio, tutti.*

Les actants (sujet, objet) des verbes reçoivent un type conceptuel. Par exemple, pour le verbe *diriger*, nous avons, entre autres relations, la relation suivante : *diriger (humain, formation musicale)*

La mise au point de MusiTAL a tiré profit des fonctionnalités offertes par la version 4.0 d'ILLICO, en particulier celles qui permettent de formuler différents types de contraintes sur les expressions (mots, syntagmes, propositions, phrases, etc.) à analyser ou à synthétiser. On peut tester et évaluer les compétences et performances linguistiques et cognitives de systèmes de TAL en leur soumettant des expressions à analyser. Une autre manière de procéder est de demander à ces systèmes de produire des expressions vérifiant un ensemble de contraintes précises et de vérifier ensuite si l'ensemble des expressions produites est celui attendu. ILLICO offre la possibilité de formuler de façon modulaire et dynamique différents types de contraintes sur les expressions, comme par exemple des contraintes sur les niveaux de bonne formation (lexical, syntaxique, conceptuel et contextuel), des contraintes sur la structure des expressions (formulées au moyen de coupes syntaxiques totales ou partielles), des contraintes lexicales (mots autorisés ou interdits), ou des contraintes sur la longueur des expressions.

4 Conclusion

L'application MusiTAL, que nous avons conçue et développée, nous a permis de mesurer la qualité des ressources linguistiques développées par F. Dubois et J. Dubois et leur intérêt pour le TAL[2]. L'apport du DEM, comme celui de LVF résident dans la finesse des descriptions sémantiques et conceptuelles systématiquement associées aux entrées de leurs dictionnaires. On peut alors penser que le recours à des ressources qui feront le lien entre celles développées par les Dubois et celles issues des autres travaux fondamentaux[3] mentionnés dans l'introduction se révèlera hautement bénéfique pour améliorer la qualité des systèmes de TAL.

Remerciements

Nous tenons à remercier Françoise Dubois-Charlier et Jean Dubois pour les échanges que nous avons eus et pour la qualité des ressources qu'ils ont développées et mises à notre disposition.

Références

DUBOIS, J., DUBOIS-CHARLIER, F. (1997). *Les verbes français*, Larousse-Bordas.

DUBOIS, J., DUBOIS-CHARLIER, F. (2010). La combinatoire lexico-syntaxique dans le Dictionnaire électronique des mots. Les termes du domaine de la musique à titre d'illustration, *Langages*, 179-180, 31-56.

FELLBAUM, C. (2010). *WordNet* : *An Electronic Lexical Database*, Cambridge (MA). MIT Press.

FILLMORE C.J., LOWE J. B. (1998). The Berkeley FrameNet project. *COLING-ACL'98*, 86-90.

GROSS, M. (1994). Constructing Lexicon-grammars, Computational Approaches to the Lexicon. Atkins and Zampolli (eds.), Oxford Univ. Press, 213-263.

HADOUCHE F., LAPALME G. (2010). Une version électronique du LVF comparée à d'autres ressources lexicales, *Langages*, 179-180, 193-220.

KIPPER-SCHULER1 K. (2005). *VerbNet : A broad-coverage, comprehensive verb lexicon*. PhD Thesis, University of Pennsylvania.

LEEMAN, D., SABATIER, P., DIR. (2010). Empirie, Théorie, Exploitation : l'exemple du travail de Jean Dubois sur les verbes français, *Langages*, 179-180.

PASERO, R., SABATIER, P. (2008). ILLICO : Principes, connaissances et formalismes & Guide d'utilisation, Document Web, LIF.

PASERO, R., SABATIER, P. (2008). GNF : Une grammaire noyau du français, Document Web, LIF.

SALKOFF, M. (1973). *Une grammaire en chaîne du français Analyse distributionnelle,* Dunod.

VAN DEN EYNDE K., MERTENS P. (2006). Le dictionnaire de valence Dicovalence : *Manuel d'utilisation*, Leuven : Université de Leuven. [http://bach.arts.kuleuven.be/dicovalence/manuel_061117.pdf].

[2] Pour d'autres exemples d'exploitation de ces ressources, voir le numéro de la revue *Langages* (Leeman, Sabatier, 2011).

[3] Une étude comparative du LVF avec différentes ressources lexicales a été définie par (Hadouche, Lapalme, 2010).

Typage sémantique de verbes avec LVF, pour la résolution d'anaphores

Elisabeth Godbert
Aix-Marseille Université, LIF-CNRS UMR 7279, 163 avenue de Luminy, 13288 Marseille Cedex 9
Elisabeth.Godbert@lif.univ-mrs.fr

Résumé. Le travail présenté ici s'intéresse à la détection automatique de relations de coréférence dans un corpus de dialogues oraux enregistrés dans le centre d'appel de la RATP ; chaque dialogue du corpus met en interaction un opérateur et un client, et la majorité des relations de coréférence sont des anaphores pronominales sur les entités dont parlent ces deux personnes. Par exemple : *J'ai perdu mon portable dans le bus 45, où puis-je espérer le récupérer ? - Téléphonez au Service des objets trouvés, ils vous diront s'il a été rapporté.*
On observe que la sémantique des entités dont on parle est un trait essentiel à prendre en compte, et que dans de nombreux cas il n'y a pas conservation des traits de genre et nombre entre l'antécédent et sa reprise anaphorique.
Nous décrivons les choix que nous avons faits pour typer sémantiquement les verbes en utilisant des données du dictionnaire électronique LVF, et pour effectuer manuellement la classification des noms. Puis nous présentons les méthodes que nous avons mises en oeuvre pour la résolution des anaphores pronominales.

Abstract. This paper focuses on automatic detection of coreference and anaphoric relations in a corpus of dialogues recorded in the call-center of the RATP. The majority of the coreference relations are third person anaphoric personal pronouns, for example : *I lost my portable phone in the bus 45, where may I hope to get it back ? - Phone to the Lost property service, they will tell you if it was brought back.*
It can be seen that it is essential to take into account the semantic types of entities mentioned in the dialogue, and that in numerous cases there is no preservation of gender and number features between the antecedent and the anaphoric element. We describe how we have defined semantic types for verbs, by using data of the electronic dictionary LVF, and manually classified nouns. Then we describe the methods used for the resolution of pronominal anaphora.

Mots-clés : coréférence, anaphore, typage sémantique de verbes, LVF (Les Verbes Français).

Keywords: coreference, anaphora, semantic types of verbs, LVF (Les Verbes Français).

1 Introduction

La détection des relations de coréférence, ou anaphores, permet le suivi des entités mentionnées dans les documents. Elle est nécessaire, par exemple, pour l'extraction d'information et le résumé automatique de textes, qui sont des domaines très actifs en TAL. Par ailleurs, la constitution de corpus annotés permet le développement et l'entraînement de modèles statistiques de TAL.
Le travail présenté ici s'intéresse à l'enrichissement d'un corpus annoté, par la détection automatique de relations de coréférence. Nous travaillons sur le corpus RATP-DECODA (Bechet *et al.*, 2012), élaboré dans le cadre du projet DECODA ("DEpouillement automatique de COnversations provenant de centres D'Appels"), dont le cadre applicatif est le centre d'appel de la RATP. Créé à partir de l'enregistrement de bases de données de messages oraux de très grande taille contenant des interactions entre un opérateur et un client, ce corpus est composé de 2100 dialogues et correspond à environ 74 heures d'enregistrement, avec un total d'environ 600 000 mots. Ces dialogues ont été transcrits manuellement, puis plusieurs phases de traitement ont permis d'obtenir leur annotation linguistique à plusieurs niveaux : détection des disfluences, repérage des entités nommées, découpage en parties de discours et chunks, et production d'une analyse syntaxique en dépendances par le système MACAON (Bechet *et al.*, 2012; Bazillon *et al.*, 2012; Nasr *et al.*, 2011).

Chaque dialogue du corpus mettant en interaction un opérateur et un client de la RATP, la majorité des relations de coréférence sont des anaphores pronominales à la troisième personne, qui portent sur les entités dont parlent les deux interlocuteurs.

Par exemple :

1. *Mon fils a eu un problème avec son bus ce matin ; il a perdu plus de 30 minutes à attendre.*
2. *Mon fils a eu un problème avec son bus ce matin ; il est passé avec 30 minutes de retard.*
3. *J'ai perdu mon portable dans le bus 45, où puis-je espérer le récupérer ?*
Téléphonez au Service des objets trouvés, ils vous diront s'il a été rapporté.

On voit sur ces exemples que la sémantique des entités dont on parle est un trait essentiel à prendre en compte, et qu'il n'y a pas toujours conservation des traits de genre et nombre entre l'antécédent et sa reprise anaphorique. La recherche de l'antécédent du pronom (*il, le, ils*) ne pourra aboutir que si l'on a préalablement fait un typage sémantique des verbes et de leurs actants, ainsi que des noms qui apparaissent dans le dialogue et qui seront des antécédents potentiels.

Le corpus RATP-DECODA relevant d'un domaine applicatif très particulier, le contenu des dialogues à traiter ne contient qu'un nombre restreint de noms et de verbes : on y compte (en lemmes distincts) 2232 noms communs et 1024 verbes.

Nous montrons dans la section 2 comment nous avons établi un typage sémantique de ces 1024 verbes en utilisant les données du dictionnaire électronique LVF "Les Verbes Français", dans lequel on trouve pour chaque verbe ses différents sens et constructions, et (parmi d'autres) des informations d'ordre sémantique.

Nous décrivons ensuite dans la section 3 les méthodes que nous avons mises en oeuvre pour traiter les anaphores pronominales des types suivants :
1. Reprise anaphorique par un pronom personnel à la troisième personne (à l'exclusion des pronoms réflexifs) : *le bus 105 ... il va en direction de ...*
2. Reprise anaphorique associative pronominale : *le Service clientèle du RER ... ils sont en pause déjeuner.*
3. Relation cataphorique entre un pronom personnel et son référent : *il a été sympa, le chauffeur.*

2 Typage des noms et des verbes

2.1 LVF : Les Verbes Français

LVF est un dictionnaire électronique développé par J. Dubois et et F. Dubois-Charlier (Dubois & Dubois-Charlier, 1997) et disponible librement [1]. Il contient 25 610 entrées verbales représentant 12 310 verbes différents, dont 4 188 à plusieurs entrées. La classification des verbes repose sur l'hypothèse qu'"il y a adéquation entre les schèmes syntaxiques de la langue et l'interprétation sémantique qu'en font les locuteurs de cette langue". Ce dictionnaire contient, pour chaque verbe, les informations suivantes :

1. la classe selon certains principes de classification,
2. le sens donné par un synonyme, un parasynonyme, une définition ou une explication,
3. le domaine d'emploi principal (géologie, psychologie, etc.) et le niveau de langue,
4. la conjugaison et l'auxiliaire,
5. la syntaxe du verbe : intransitif, transitif direct ou indirect, pronominal ; nature des sujets et des compléments,
6. les dérivations (noms d'action, d'instrument, d'agent, de résultat, adjectifs verbaux),
7. les termes (nom ou adjectif) dont le verbe est éventuellement lui-même dérivé,
8. le type de dictionnaire où l'entrée est répertoriée,
9. et à chaque entrée sont associées une ou plusieurs phrases simples, illustrant le sens et la construction syntaxique.

Ces informations nous fournissent des éléments très pertinents pour effectuer un typage sémantique des verbes. En particulier, pour chaque entrée verbale :
- L'information du point 1 ci-dessus, dite "classe", code la classe sémantique à laquelle appartient cette entrée verbale, par exemple "verbe de communication", "verbe de mouvement", etc. Il existe 54 classes, elles-mêmes découpées en sous-classes et sous-types.
- L'information du point 5, dite "syntaxe du verbe", donne le nombre d'actants ou compléments du verbe et la nature de chaque actant : *humain, animal, chose, complétive*, etc.

1. http ://talep.lif.univ-mrs.fr/FondamenTAL/

2.2 Classification des noms

La classification des 2232 lemmes de noms communs du corpus RATP-DECODA a été faite manuellement, dans une hiérarchie très simple, dans laquelle apparaissent en premier lieu : la classe "Tout", divisée en "Humain" et "Non-Humain", puis les sous-classes "Véhicule", "Objet-Concret", "Objet-Abstrait".
Ensuite d'autres sous-classes sont définies, associées aux types d'entités nommées qui ont été répertoriées dans le corpus : pour ce qui concerne les noms propres et les entités nommées, le corpus RATP-DECODA nous fournit l'annotation de ces entités avec leur nature (*date, adresse, organisation*, etc.). Ceci nous permet de classer ces entités automatiquement dans la hiérarchie. En particulier, tout ce qui est répertorié comme une organisation (SNCF, RATP, le Service des objets trouvés, etc.) est placé dans une sous-classe de la branche "Humain" : en effet, le corpus contient de nombreuses reprises anaphoriques associatives du type de *Téléphonez au Service des objets trouvés, ils vous diront...*

2.3 Typage des verbes

Comme dit précédemment, nous avons choisi de faire un typage sémantique des verbes à partir des données de LVF.
L'une des difficultés est que dans LVF un verbe peut avoir plusieurs (et même de nombreuses) entrées, correspondant chacune à une construction ou un sens particulier. Comme notre domaine applicatif est très particulier, nous avons choisi d'élaborer un typage relativement simple dans lequel chaque verbe n'a qu'une entrée, qui correspond à l'usage de ce verbe dans le corpus.

Pour faciliter cette opération de typage, nous avons procédé de la façon suivante, en effectuant d'abord un traitement automatique (points 1 et 2 ci-dessous) à partir des données LVF, puis une post-interprétation manuelle (points 3 et 4) :
1. Pour chacun des 1024 verbes, nous avons rassemblé tous les types sémantiques éventuels de ses sujets et compléments d'objet direct en utilisant les champs "OPERATEUR" et "CONSTRUCTION" de LVF, et en gardant l'information "Humain", "Non-Humain", ou "Tout" ;
2. Nous en avons fait une synthèse, pour en tirer ce que nous appelons le type sémantique de base du verbe : nous avons gardé pour le sujet le type qui est donné dans la première entrée du verbe, et pour le complément d'objet direct la classe minimale qui couvre les types de tous les compléments ;
3. Puis, pour chaque verbe, nous avons vérifié manuellement que dans le contexte du corpus DECODA le typage automatique obtenu par 1 et 2 était pertinent, et, si besoin, nous l'avons modifié ;
4. Pour les verbes qui admettent un complément d'attribution, nous en avons ajouté manuellement le type.

A l'issue de ce traitement, nous avons obtenu un typage des verbes et de leurs actants où apparaissaient trois types : "Humain", "Non-Humain", "Tout".
Le tableau 1 montre les trois premières étapes du typage des verbes *boire* et *contrôler* . "Humain" y est noté "1", "Non-Humain" y est noté "3" et "Tout" y est noté "9".
Pour le verbe *boire*, le résultat obtenu dans la synthèse a été modifié, mais uniquement pour le complément d'objet, car nous avons jugé que dans notre application il n'y avait pas lieu de tenir compte des deux derniers sens du verbe illustrés par les exemples *Le buvard boit l'encre. On est bu après cette réunion.* (ce dernier sens est d'usage populaire).

Extrait de LVF	boire 01 ;(#) ;T1300 - A10 ; boire 02 ;(#) ;T1300 - A10 ; boire 03 ;(qc) ;T3306 ; boire 04 (être) ;(#) ;A10 - T3100 ;	contrôler 01 ;(#) ;T1400 ; contrôler 02 ;(#) ;T1900 ; contrôler 03 ;(#) ;T1900 - P1000 ; contrôler 04 ;(#) ;T1300 ; contrôler 05 ;(#) ;T1900 ; contrôler 06 ;(#) ;T1308 ;
Nature des actants sujets et objets	boire ;-1-1-1-1-qc-3-1-3- ;-3-3-3-1- ;	contrôler ;-1-1-1-P1-1-1-1- ;-4-9-9-3-9-3- ;
Synthèse	boire ;1 ;9 ;	contrôler ;1 ;9 ;
Modification éventuelle	boire ;1 ;3 ;	

TABLE 1 – Les trois premières étapes du typage sémantique des verbes

Les verbes de mouvement (*monter, descendre, avancer, passer,...*) ont de très nombreuses occurrences dans le corpus. Pour traiter correctement les anaphores pronominales qui sont des actants de ces verbes, nous en avons raffiné le typage : en utilisant l'information "classe" de LVF, nous avons repéré dans notre corpus tous les verbes de mouvement et verbes locatifs, puis, pour ceux d'entre eux qui peuvent avoir pour sujet une personne ou un véhicule, nous avons affecté à leur

actant sujet le type mixte "Humain ou Véhicule".
Le tableau 2 donne un extrait du tableau final de typage des verbes.

verbe	sujet	compl-objet-direct	compl-attribution
atteindre	Humain-ou-Véhicule	Tout	
attendre	Humain-ou-Véhicule	Tout	
atterrir	Tout		
attester	Humain		Humain
attraper	Humain	Tout	
attribuer	Humain	Non-Humain	Humain
augmenter	Tout	Non-Humain	Humain
autoriser	Humain	Tout	Humain

TABLE 2 – Un extrait du tableau de typage sémantique des verbes

Notons qu'apparaissent dans le corpus une dizaine de verbes très familiers et spécifiques du domaine, qui ne sont pas répertoriés dans LVF, dont : *bugger, checker, gourrer, recréditer, redispatcher, remagnétiser, repoinçonner,...*.

3 Résolution d'anaphores

3.1 Résolution d'anaphores pronominales

Notre objectif est ici de traiter les anaphores pronominales à la troisième personne, c'est-à-dire d'identifier les antécédents, ou éventuellement des pronoms coréférents, des pronoms personnels *il, elle, ils, elles, le, la, l', les, lui, leur.*

Comme nous l'avons dit dans la section 1, nous avons choisi de donner un poids essentiel à la sémantique pour la recherche des antécédents de pronoms, entre autres parce que l'on constate qu'il n'y a pas toujours conservation des traits de genre et de nombre entre un nom et le pronom qui le reprend. Un antécédent ne sera donc retenu que s'il est de type sémantique compatible avec le pronom sur lequel on travaille.
Considérons l'exemple suivant :
- j'ai un passe, je voudrais le faire refaire ;
- il faut passer dans une Agence Intégrale ;
- oui mais je ne sais pas où elles sont en fait ;
- [...]
- allez sur place, ils vont vous refaire un passe.
Notre système est conçu pour donner ici les résultats suivants : l'antécédent de *elles* est *Agence* et l'antécédent de *ils* est également *Agence*.

Le traitement de ces pronoms *il, elle, ils, elles, le, la, l', les, lui, leur* est effectué en plusieurs étapes :

1. On identifie les pronoms à traiter, ce qui revient, à l'inverse, à identifier les pronoms *il* et *le* que nous ne traiterons pas car ils sont utilisés dans des formes impersonnelles : *il y a, il faut, je le sais*, etc. L'identification de ces formes impersonnelles est faite via les relations syntaxiques données dans le corpus, et les pronoms associés se voient affecter le type "imp".

2. Pour chaque pronom non typé "imp", les liens de dépendance nous permettent de trouver le verbe dont il est actant, et son rôle (sujet, objet direct, complément d'attribution). En utilisant le typage des verbes (voir 2.3) nous attribuons au pronom un type sémantique.

3. La recherche de l'antécédent de chaque pronom se fait en remontant dans le dialogue, et en y cherchant une entité de type sémantique compatible. Cette recherche se fait en plusieurs passes, chacune d'elles remontant plus ou moins loin dans le dialogue. En particulier :
a) dans un premier temps on recherche un nom de même type, de même genre et de même nombre que le pronom, en ne remontant que 40 mots ou 10 tours de parole ;
b) puis, si cette première recherche n'a pas abouti, on assouplit peu à peu les contraintes sur le nom, pour finalement, au bout de plusieurs passes, ne garder que la contrainte sur le type sémantique si les passes précédentes ont été infructueuses ; pour cette passe ne portant que sur le type sémantique, on remonte encore à 40 mots ou 10 tours de parole ;

c) si c'est toujours infructueux, on recherche de nouveau un nom de mêmes type, genre et nombre que le pronom, mais en remontant beaucoup plus haut (100 mots ou 30 tours de parole).
Par ailleurs, une autre passe est intercalée dans le b), dans laquelle on recherche une entité coréférente sous la forme d'un pronom et non d'un nom, en ne remontant que très peu dans le dialogue (20 mots ou 4 tours de paroles) ; si la recherche est fructueuse, les deux pronoms sont notés "coréférents".

Reprenons les trois exemples donnés dans l'introduction :

1. *Mon fils a eu un problème avec son bus ce matin ; il a perdu plus de 30 minutes à attendre.*
Le sujet du verbe *perdre* est de type "Humain", l'antécédent ne peut être que *fils*.

2. *Mon fils a eu un problème avec son bus ce matin ; il est passé avec 30 minutes de retard.*
Le sujet du verbe *passer* est de type "Humain-ou-Véhicule", l'antécédent est le mot le plus proche : *bus*.

3. *J'ai perdu mon portable dans le bus 45, où puis-je espérer le récupérer ?*
Téléphonez au Service des objets trouvés, ils vous diront s'il a été rapporté.
Le complément d'objet direct du verbe *récupérer* est de type "Non-Humain-Concret" (disjoint de "Véhicule"), l'antécédent de *le* est le mot *portable*.
Le sujet du verbe *dire* est de type "Humain", ce typage permet de trouver que l'antécédent de *ils* est le Service des objets trouvés ; l'antécédent de *il* est *portable* car le complément du verbe *rapporter* est de type "Non-Humain-Concret".

Si l'on n'a trouvé aucune entité acceptable comme antécédent ou coréférent du pronom, le système indique l'échec de sa recherche pour ce pronom. En particulier, la recherche échoue :
a) lorsque l'antécédent existe mais est trop éloigné dans le dialogue ;
b) lorsqu'il n'y a ni antécédent ni pronom coréférent, comme pour le premier *ils* dans :
- *il y a un préavis de grève aujourd'hui ;*
- *oh, ils nous cassent les pieds ; je sais que vous n'y êtes pour rien mais ils nous cassent les pieds.*
Ici, les prédictions du système sont :
- le premier *ils* n'a ni antécédent ni coréférent ;
- le deuxième *ils* n'a pas d'antécédent non plus, mais il est noté coréférent du premier.

3.2 Résolution de relations de type cataphore

Le cas des cataphores est très particulier. Une cataphore est une anaphore où la reprise sémantique est située avant son antécédent (que l'on peut appeler conséquent), comme *Vous l'avez acheté où le ticket ?*. Or, dans le corpus sur lequel nous travaillons, l'annotation syntaxique en dépendances permet d'identifier immédiatement les cataphores. Par exemple, dans l'analyse de *Vous l'avez acheté où le ticket ?*, les mots *l'* et *ticket* sont tous les deux identifiés comme complément d'objet de *avez acheté*. De même, dans l'analyse de *Il passe devant l'hôpital le bus*, *Il* et *bus* sont tous les deux sujets de *passe*.
Notre système se contente donc d'utiliser ces dépendances pour afficher les relations de type cataphore.
En fait, cette recherche est la première qui est effectuée par le système. Car si un pronom a été identifié comme cataphore d'un nom qui le suit dans le dialogue, il ne faut pas en chercher un antécédent en remontant dans le dialogue. La résolution d'anaphores pronominales décrite en section 3.1 ne se fait donc que sur les pronoms non identifiés comme cataphore.

4 Remarques finales

Nous avons montré comment les données de LVF nous ont fourni des informations très intéressantes pour définir un typage sémantique des verbes du corpus DECODA. Les mêmes méthodes pourraient certainement être utilisées pour d'autres applications, dès lors que leur domaine sémantique n'est pas trop étendu.

Ce travail est en cours, il a débuté assez récemment, et l'on pourra y apporter de nombreuses améliorations.
En particulier, nous envisageons d'élargir les possibilités pour le typage des verbes : nous avons choisi pour le moment de définir pour les verbes un typage simple, dans lequel chaque verbe n'a qu'une entrée, mais on peut penser que c'est insuffisant pour les verbes qui sont couramment utilisés et qui ont de nombreux sens et/ou constructions. Il sera intéressant de voir comment raffiner le typage en attribuant à chaque verbe plusieurs "cadres sémantiques" tirés des données de LVF et pertinents pour notre domaine d'application, et ensuite adapter les processus de traitement des anaphores.

Nous envisageons par ailleurs de traiter d'autres types d'anaphores à plus ou moins long terme, dont :
- En premier lieu les reprises directes et indirectes qui permettent de traiter par exemple *Je voulais prendre le 107 ; mais j'attends ce/le bus depuis une heure.*
- Les anaphores associatives qui demandent de prendre en compte des relations de méronymie, mais c'est un travail complexe. L'entité anaphorique peut y être introduite par un adjectif possessif (*la cliente a perdu sa carte*), ou par un article défini (*le bus a été accidenté ; l'arrière est enfoncé*).

Une évaluation de la version actuelle du système va être faite très prochainement. On utilisera pour cela un sous-ensemble privilégié du corpus RATP-DECODA, composé de 102 dialogues, dit le *GOLD corpus*, qui a déjà été utilisé comme étalon au cours de la phase d'annotation syntaxique (Bechet *et al.*, 2012). En premier lieu, le *GOLD* va être annoté automatiquement en coréférences par notre système ; puis une validation manuelle sera effectuée, qui permettra d'évaluer la qualité des prédictions faites par le système dans son état actuel. Le *GOLD* servira alors de référence, et l'on pourra entrer dans un processus itératif pour tenter d'obtenir un taux acceptable de réussite.

La constitution de corpus annotés, dits corpus de référence, est un enjeu important pour le TAL, car il permet l'entraînement et le test de systèmes statistiques de TAL.
Pour ce qui concerne l'élaboration de corpus annotés en relations de coréférence, on peut en premier lieu citer les travaux de (Tutin *et al.*, 2000), qui ont permis d'annoter manuellement en coréférences un corpus de texte contenant environ un million de mots ; puis les travaux décrits dans (Muzerelle *et al.*, 2014), qui ces denières années ont abouti à la constitution du corpus ANCOR-Centre, composé de trois corpus de parole conversationnelle annotés manuellement en relations de coréférences, sur un total d'environ 450 000 mots.
Ces corpus sont suffisamment larges pour répondre aux besoins des méthodes de TAL basées sur l'apprentissage.

L'annotation manuelle de grands volumes de données étant très longue et coûteuse, le projet ANR ORFEO (Outils et Ressources pour le Français Ecrit et Oral) est parti d'une démarche alternative, avec pour objectif la constitution d'un Corpus d'Etude pour le Français Contemporain (CEFC) qui rassemblera des données à partir de différents corpus. Ces données, obtenues automatiquement ou semi-automatiquement, seront de nature diverse, dont l'alignement texte et son, et des annotations morphologiques, syntaxiques, sémantiques, conversationnelles et prosodiques. Cela correspond à un traitement massif de données écrites ou orales, qui n'est pas parfait mais qui donne accès à un grand volume de données.
Le travail qui a été présenté dans cet article participe au projet ORFEO, par l'ajout de relations de coréférence dans le corpus RATP-DECODA.

Remerciements

Je suis très reconnaissante à Frédéric Béchet et Alexis Nasr pour les conseils et pour l'aide qu'ils m'ont apportés pour ce travail.

Références

BAZILLON T., DELPLANO M., BECHET F., NASR A. & FAVRE B. (2012). Syntactic annotation of spontaneous speech : application to call-center conversation data. In *Proceedings of the 8th international conference on Language Resources and Evaluation, LREC 2012, Istambul, Turkey.*

BECHET F., MAZA B., BIGOUROUX N., BAZILLON T., EL-BÈZE M., MORI R. D. & ARBILLOT E. (2012). DECODA : a call-center human-human spoken conversation corpus. In *Proceedings of the 8th international conference on Language Resources and Evaluation, LREC 2012, Istambul, Turkey.*

DUBOIS J. & DUBOIS-CHARLIER F. (1997). *Les verbes français.* Larousse-Bordas.

MUZERELLE J., LEFEUVRE A., SCHANG E., ANTOINE J.-Y., PELLETIER A., MAUREL D., ESHKOL I. & VILLANEAU J. (2014). ANCOR-Centre, a large free spoken french coreference corpus : Description of the resource and reliability measures. In *Proceedings of the 9th edition of the Language Resources and Evaluation Conference, LREC 2014, Reykjavik, Iceland.*

NASR A., BECHET F., REY J. & ROUX J. L. (2011). MACAON : a linguistic tool suite for processing word lattices. In *Proceedings of the 49th Annual Meeting of the Association for Computational Linguistics : demonstration session.*

TUTIN A., TROUILLEUX F., CLOUZOT C., GAUSSIER E., ZAENEN A. & ANDG. ANTONIADIS S. R. (2000). Annotating a large corpus with anaphoric links. In *Proceedings of Discourse, Anaphora and Reference Resolution Conference, DAARC-2000, Lancaster, UK.*

Vers la création d'un Verb∋net du français

Laurence Danlos[1] Takuya Nakamura[2] Quentin Pradet[3]
(1) Université Paris Diderot, Sorbonne Paris Cité, ALPAGE , IUF
(2) IGM-LabInfo Université Paris-Est - 77457 Marne-la-Vallée Cedex 2
(3) CEA, LIST, Laboratoire Vision et Ingénierie des Contenus - F-91191 Gif-sur-Yvette
danlos@inria.fr, takuya.nakamura@univ-mlv.fr, quentin.pradet@cea.fr

Résumé. VerbNet est une ressource lexicale pour les verbes anglais qui est bien utile pour le TAL grâce à sa large couverture et sa classification cohérente. Une telle ressource n'existe pas pour le français malgré quelques tentatives. Nous montrons comment adapter semi-automatiquement VerbNet en utilisant deux ressources lexicales existantes, le LVF (Les Verbes Français) et le LG (Lexique-Grammaire).

Abstract. VerbNet is an English lexical resource that has proven useful for NLP due to its high coverage and coherent classification. Such a resource doesn't exist for French, despite some (mostly automatic and unsupervised) attempts. We show how to semi-automatically adapt VerbNet using existing lexical resources, namely LVF (Les Verbes Français) and LG (Lexique-Grammaire).

Mots-clés : VerbNet, cadres de sous-catégorisations, rôles sémantiques.

Keywords: VerbNet, frames, semantic roles.

1 Introduction

Le Traitement Automatique des Langues nécessite des lexiques et des gros corpus annotés pour analyser efficacement des textes en domaine ouvert. Obtenir une telle quantité de données est un problème en soi, connu sous le nom de *knowledge acquisition bottleneck* dans la littérature (Gale *et al.*, 1992). Alors qu'annoter de plus en plus de corpus pourra réduire ce goulot d'étranglement pour certains domaines, un travail lexicographique efficace peut apporter des améliorations en décrivant explicitement les similarités et différences entre mots.

Au moment de définir un tel lexique, les deux problèmes principaux sont la granularité et la distinction des sens. Ces deux problèmes ont été traités par les classes de Levin (Levin, 1993). En effet, les classes de Levin regroupent les verbes en utilisant les alternances syntaxiques observables, ainsi que d'autres critères sémantiques et morphologiques clairs. VerbNet (Kipper-Schuler, 2005) est un lexique électronique inspiré des classes de Levin qui encode aussi des rôles thématiques et une décomposition sémantique (section 3). Il a été ajouté au fil des ans à VerbNet de nouvelles constructions et classes, ainsi que des corrections variées, par rapport aux classes de Levin.

Avec VerbNet il est possible d'utiliser une construction syntaxique pour faire correspondre un argument d'un verbe à des rôles sémantiques (Swier & Stevenson, 2005; Pradet *et al.*, 2013). Cette tâche, l'annotation en rôles sémantiques, a pris graduellement de l'importance : elle aide l'extraction d'information (Surdeanu *et al.*, 2003), les systèmes de question-réponse (Shen & Lapata, 2007), l'extraction d'évènements (Exner & Nugues, 2011), la traduction automatique (Bazrafshan & Gildea, 2013) et même la détection de plagiat (Osman *et al.*, 2012), la prédiction des cours de bourse (Xie *et al.*, 2013), l'interprétation de recette de cuisines (Malmaud *et al.*, 2014) ou la génération de scène 3D (Chang *et al.*, 2014). Grâce à sa forte couverture (plus de quatre mille verbes) et son découpage utile des verbes, VerbNet est adapté à l'annotation en rôles sémantiques, en particulier dans les domaines ne disposant pas de corpus annoté.

Cependant, un VerbNet de qualité n'existe actuellement que pour l'anglais. Une telle ressource serait pourtant encore plus utile pour des langues moins bien dotées en corpus annotés en rôles sémantiques. VerbNet a un potentiel inter-linguistique, comme cela a été montré avec le Portugais (Kipper-Schuler, 2005, section 2.2.2). Avec l'objectif de développer une version française de VerbNet (nommée Verb∋net), nous utilisons deux ressources lexicales françaises existantes encodant le comportement syntaxique et sémantique des verbes (section 3). Nous avons mis en correspondance les classes VerbNet avec ces ressources pour restreindre les traductions françaises des membres de telles classes (section 4.1). La deuxième étape, en cours, adapte les constructions syntaxiques de VerbNet au français. Cette étape soulève différents problèmes (section 4.2). La troisième étape corrigera les verbes obtenus dans la première étape pour s'assurer qu'ils correspondent bien aux constructions retenues dans la deuxième étape.

2 Travaux antérieurs

Pour des langues autres que l'anglais, Merlo *et al.* (2002) ont utilisé la similarité entre l'anglais et l'italien pour traduire 20 classes de Levin. Des acquisitions automatiques ont été menées en espagnol (Ferrer, 2004), allemand (Im Walde, 2006) et japonais (Suzuki & Fukumoto, 2009). Les seules traductions directes dont nous avons la connaissances sont les VerbNet estoniens (Jentson, 2014) et portugais brésilien (Scarton & Aluısio, 2012).

Pour le français, Saint-Dizier (1996) a produit en premier une ressource de type VerbNet à partir des classes de Levin. À notre connaissance, cette ressource n'est plus développée et le résultat n'est pas disponible. D'autres travaux se sont concentrés sur l'acquisition automatique de cadres de sous-catégorisation qui ont été regroupés avec des critères syntaxiques et sémantiques. Sun *et al.* (2010) ont utilisé un tel lexique de cadres de sous-catégorisation (Messiant *et al.*, 2010) pour regrouper les verbes avec des traits syntaxiques et sémantiques (collocations et préférence lexicale des verbes). Une évaluation sur une vérité-terrain construite manuellement a mené à un F-score de 55.1 %. Falk *et al.* (2012) ont appliqué un algorithme de regroupement différent qui a amélioré le F-Score à 70 % sur la même vérité-terrain mais un peu plus facile à traiter car plusieurs rôles proches ont été regroupés. Ces ressources mettent en avant de nouvelles manières de regrouper des verbes français, mais comportent trop d'erreurs. Même si leurs résultats peuvent être améliorés, nous pensons qu'il y a aussi un besoin d'un VerbNet du français validé manuellement. Notre traduction sera liée au VerbNet anglais et aux deux ressources linguistiques françaises que nous utilisons, le LVF et le LG. Cette ressource sera aussi ouverte : nous voulons encourager les contributions externes.

3 Présentation de VerbNet et des ressources lexicales françaises

VerbNet Le premier niveau de la hiérarchie VerbNet est composé de 270 classes. Chacune de ces classes est potentiellement divisée en sous-classes, ce qui forme une hiérarchie arborescente. Pour chaque (sous-)classe, ce lexique électronique liste :
- la liste des verbes,
- les rôles thématiques, éventuellement associés à des restrictions de sélection de type humain ou organisation,
- et une liste de constructions syntaxiques que chaque verbe accepte.

Une construction syntaxique (*frame* dans la terminologie VerbNet) inclut :
- un exemple illustratif,
- une formule syntaxique liant les arguments syntaxiques aux rôles thématiques, e.g. *Agent V Patient*,
- et une formule sémantique proche de la logique du premier ordre décrivant l'action et l'état des participants avant, pendant et après le procès.

Ressources lexicales françaises Depuis les années 1970, deux ressources lexicales à large couverture ont étés développées manuellement pour les verbes français :
- LVF (Les Verbes Français, (Dubois & Dubois-Charlier, 1997)) inclut environ 25 000 entrées classifiées dans 14 classes sémantiques, 54 sous-classes syntaxico-sémantiques et 248 sous-sous-classes.
- LG (Lexique-Grammaire, (Gross, 1975; Boons *et al.*, 1976)) inclut environ 14 000 entrées classifiées en 67 tables, chaque table groupant des verbes partageant les mêmes constructions syntaxiques de base et parfois les mêmes comportements sémantiques. Une table comporte des colonnes qui encodent des restrictions additionnelles (restrictions de sélection, constructions syntaxiques associées, etc.) et qui s'appliquent à un sous-ensemble des verbes de la table.

Les classes LVF et les tables LG peuvent être comparées aux classes VerbNet. Cependant, ces ressources lexicales n'encodent ni rôles thématiques ni formules sémantiques, et ne sont donc pas directement utilisables pour l'annotation en rôles sémantiques. De plus, elles encodent des usages parfois trop techniques, argotiques ou métaphoriques, or nous préferrons nous concentrer sur les quelques milliers d'emplois de verbes les plus fréquents. La nouvelle ressource lexicale française,

Verb∋net, s'appuie à la fois sur l'encodage syntaxique et/ou sémantique riche de ces deux ressources et sur l'information sémantique contenue dans le VerbNet anglais, qui est une langue relativement proche du français.

4 Construction de Verb∋net

Notre principe de base est que le premier niveau de la hiérarchie de Verb∋net doit être aussi proche que possible de celui de VerbNet et ses 270 classes. Néanmoins, certaines classes doivent disparaître. La raison peut être purement morphologique : toute classe VerbNet composée uniquement de verbes morphologiquement identiques à des noms n'a pas d'équivalent français, ce qui est le cas de la classe pit-10.7 composée de verbes comme *bark* et *bone*, et de la classe weekend-56 avec des verbes comme *weekend* ou *december*. Par contre, la classe debone-10.8 composée de verbes formés avec le préfix *de-* précédant un nom (*debark*, *debone*) a bien un équivalent français avec les verbes formés par les préfixes *dé-* ou *é-* (*désosser*, *déveiner*, *équeuter*). Étant donné ce principe de base, la construction de Verb∋net se fait en deux étapes.

4.1 Première étape

La première étape de la construction de Verb∋net a consisté à déterminer les verbes français appartenant à chacune des 270 classes de VerbNet. Cette étape a été réalisée de la façon suivante :

1. Pour une classe VerbNet donnée C_e, nous avons assigné manuellement les classe(s) LVF C_{lvf} et les table(s) LG C_{lg} correspondant à la définition sémantique de C_e, par exemple : put-9.1 $\longmapsto$ L3b et 38LD, body_internal_motion-49 $\longmapsto$ M1a et 32CL ou 32R3 ou 32C
2. Nous avons utilisé deux dictionnaires bilingues (SCI-FRAN-EURADIC et le Wiktionnaire) qui nous donnent la liste L_{trad} des traductions françaises des verbes anglais appartenant à la classe C_e.
3. Nous avons enfin obtenu la liste des verbes français : ce sont les verbes de L_{trad} appartenant à l'intersection de C_{lvf} et C_{lg} (e.g. *mettre*, *poser* ou *installer* pour put-9.1).

Cette étape a été réalisée rapidement et a donné de bons résultats : en ne conservant que les verbes à l'intersection de L_{trad}, C_{lvf} et C_{lg} [1], les résultats sont précis et cohérents syntaxiquement et sémantiquement. Par exemple, la classe scribble-25.2 contient 18 verbes en anglais ; elle est associé à la classe LVF R3a.1 et la table LG 32A, ce qui produit une liste de 16 verbes français : *composer, couper, donner, exécuter, fabriquer, faire, forger, former, imprimer, lever, produire, reproduire, sculpter, tailler, tirer* et *tracer*. Tous ces verbes sont valides.

Cette première étape a produit un lexique contenant 3888 emplois de verbes correspondant à 2160 lemmes.

4.2 Deuxième étape

La deuxième étape de la construction de Verb∋net est plus laborieuse que la première. Pour chacun des 270 classes françaises C_f, nous devons déterminer :
- les sous-classes éventuelles en suivant si possible les sous-classes existantes pour l'anglais,
- les constructions valides en français en ajustant, si besoin, les rôles thématiques et les restrictions de sélection.

Cette étape a d'abord demandé le développement d'un outil d'édition (section 4.2.1) afin d'assister le travail lexicographique. Ensuite, il a fallu définir des principes de base pour les frames françaises (section 4.2.2). Enfin, l'étude de chacune des 270 classes C_f demande de faire un travail syntaxique et sémantique minutieux qui peut aboutir à une réorganisation des classes et sous-classes (Section 4.2.3).

4.2.1 Outil d'édition de Verb∋net

Nous avons développé un outil en ligne pour pouvoir éditer collaborativement des classes et des frames VerbNet en manipulant directement leur représentation sur le site web, ce qui évite d'avoir à modifier des fichiers XML et permet de se concentrer sur les problèmes linguistiques. Cette interface a été développée à l'aide du framework web Django qui manipule une base de données PostgreSQL qui stocke la ressource et conserve l'historique entier des modifications.

1. Quand cette intersection est vide, la liste non-vide ($C_{lvf} \vee L_{trad}$ ou $C_{lg} \vee L_{trad}$) a été choisie.

FIGURE 1 – Interface web pour analyser et éditer Verb∋net. Chaque frame peut être entièrement modifiée en cliquant dessus et la structure peut être réorganisée. Les traductions en violet appartiennent à l'intersection de C_{lvf} et C_{lg} ; les traductions rouges (respectivement vertes) appartiennent uniquement à C_{lvf} (respectivement C_{lg}).

Cet outil a d'abord été rempli automatiquement avec les frames VerbNet et les traductions identifiées lors de la première étape, qui sont mises à jour dès que l'on change la correspondance avec LVF ou LG. Il permet d'éditer, ajouter et supprimer les frames et les classes. À l'aide de cet outil, le travail de la deuxième étape est parfois très facile. Par exemple, la classe coloring-24 (qui n'a pas de sous-classe) a des équivalents directs en français : il suffit simplement d'entrer les exemples français avec les prépositions correctes, e.g. *with* doit être remplacé par *de*.

4.2.2 Principes sur les frames

Toutes les frames impliquant une alternances conative, bénéfactive ou dative peut être systématiquement supprimée étant donné que ces alternances n'existent pas en Français.

De plus, nous avons laissé de côté pour l'instant toutes les frames qui correspondent à des sous-structures, c'est-à-dire à des frames avec de compléments manquants, par exemple la sous-structure *NP V* de 25.1 illustrée par *Smith was inscribing = Smith gravait*. Le codage des sous-structures est assez dépendant du genre du corpus et donc demande des études de corpus, qui devront être faites ultérieurement.

4.2.3 Analyse au cas par cas

La seconde étape peut demander un travail délicat pour au moins deux raisons. La première est qu'il existe des différences sémantiques qui sont prises en compte dans VerbNet mais pas dans le LVF ni dans le LG. Par exemple, parmi les verbes de

Sending and Carrying (11), les verbes des classes 11.3, 11.4 et 11.5 décrivent un mouvement où l'Agent accompagne le Thème dans son changement de lieu, voir *Pamela drove packages to NY* où Pamela est allée à NY avec les paquets, tandis que les verbes de 11.1 et 11.2 décrivent un mouvement où seul le Thème change de lieu, voir *Pamela sent packages to NY* où seuls les paquets sont allés à NY. Dans les ressources françaises, il existe des classes de verbes pour un changement de lieu du Thème causé par un Agent, mais l'éventuel déplacement de l'Agent n'est pas codé. Face à cette difficulté, deux solutions sont possibles : soit faire le codage du déplacement de l'Agent soit ignorer cette différence sémantique. Nous sommes plutôt pour la seconde solution, ce qui nous amène à adopter dans Verb∋net une hiérarchie différente de celle de VerbNet pour les verbes concernés.

Faisons à ce propos une remarque sur la complémentarité du LVF et du LG. Dans le cas précédent, ni le LVF ni le LG ne codent une certaine propriété sémantique. Mais il arrive qu'une propriété sémantique soit codée dans le LVF et pas dans le LG, ce que nous pouvons illustrer par les verbes de Combining and Attaching (22). Les classes mix-22.1 et almagamate-22.2 correspondent toutes les deux à 36S dans le LG avec le frame *Agent V Patient avec/et Co-Patient* mais diffèrent par l'aspect résultatif, ce qui est marqué par l'adverbe *ensemble* qui est possible en mix-22.1 (*Luc a mélangé le sucre et l'eau ensemble*) et impossible en almagamate-22.2 (**Luc a alterné le rouge et le noir ensemble*). Cette propriété sémantique n'est pas codée en 36S. Par contre, il semble que les verbes de 22.1 appartiennent à la classe U3.b du LVF et ceux de 22.2 à T4e.3 [2]. Le LVF permet donc de différencier des verbes selon une propriété sémantique non codée dans le LG. À rebours, les nombreuses propriétés codées dans les colonnes du LG permettent facilement d'identifier des sous-classes. Ainsi, la classe cut-21.1 est associée à 38PL ou 32CL (*Agent V Patient en Result<+plural> = Luc a débité le veau en morceaux*), la sous-classe cut-21.1-1 à 38PL[+N0 lui V N1pc W] ou 32CL[+N0 lui V N1pc W], c'est-à-dire aux verbes de 38PL ou 32CL qui ont un '+' dans la colonne intitulée *N0 lui V N1pc W* (*Luc a coupé le veau en morceaux, Luc lui a coupé le doigt*).

La seconde étape se heurte aussi à des difficultés qui viennent de différences basiques entre le français et l'anglais. Nous laissons de côté les problèmes de traduction archi-connus [3] pour nous concentrer sur des différences plus subtiles. Ainsi dans VerbNet, les verbes de Change of Possession (13) sont organisés en 10 classes 13.i avec $1 \leq i \leq 10$. Une telle hiérarchie ne peut pas être gardée pour le français pour les raisons suivantes :

- L'absence d'alternances dative et bénéfactive en français fait que la différence entre les classes 13.1 et 13.2 ne peut pas être gardée.
- La différence sémantique entre les classes 13.1 and 13.3 (à savoir HAS-POSSESSION versus FUTURE-POSSESSION) est peut-être trop subtile (même pour l'anglais) et peut être ignorée.
- La préposition *with* dans le frame *Agent V Recipient with Theme* de 13.4-1 et 13.4-2 correspond en français à *en* et/ou *de* selon le verbe (e.g. *Luc livre Max en/*de lait, Luc équipe Max en/de téléviseurs, Luc dote Max *en/de téléviseurs*), ce qui demande une réorganisation en sous-classes.

Au total, entrer dans le détail des frames syntaxico-sémantiques est un travail parfois laborieux qui peut amener à adopter pour Verb∋net une hiérarchie différente de celle de l'anglais, même si nous essayons d'éviter des écarts trop importants. Ajoutons qu'après avoir établi les (sous-)classes en fonction des frames, il faut revoir la répartition des verbes dans les sous-classes.

5 Conclusion

Nous avons présenté une méthode pour adapter la ressource syntaxique et sémantique VerbNet vers le français en se servant de deux ressources lexicales existantes, le LVF et le LG. Le travail est en cours et Verb∋net sera mis librement à la disposition de la communauté avec l'outil associé permettant une édition collaborative.

La structure de Verb∋net ne suit pas exactement celle de VerbNet mais nous documentons les différences pour qu'elles soient explicites et connues. À terme, des correspondances pourront être établies entre Verb∋net et d'autres ressources françaises comme WOLF (Sagot & Fišer, 2012) et le Framenet du français développé dans le cadre du projet ASFALDA [4].

2. Les auteurs linguistes de cet article sont spécialistes du LG mais pas du LVF et donc ne sauraient affirmer leurs jugements sur le LVF.
3. Par exemple, la traduction des verbes de mouvement : *John swam across the river* → *Jean a traversé la rivière à la nage* (lit. John crossed the river with a swim).
4. Le travail présenté ici a été en partie financé par le projet ANR ASFALDA ANR-12-CORD-0023.

Références

BAZRAFSHAN M. & GILDEA D. (2013). Semantic Roles for String to Tree Machine Translation. In *ACL 2013*.

BOONS J. P., GUILLET A. & LECLÈRE C. (1976). *La structure des phrases simples en français : constructions intransitives*.

CHANG A. X., SAVVA M. & MANNING C. D. (2014). Semantic parsing for text to 3d scene generation. In *ACL 2014 Workshop on Semantic Parsing*.

DUBOIS J. & DUBOIS-CHARLIER F. (1997). *Les verbes français*. Larousse.

EXNER P. & NUGUES P. (2011). Using semantic role labeling to extract events from Wikipedia. In *DeRiVE 2011*.

FALK I., GARDENT C. & LAMIREL J.-C. (2012). Classifying French Verbs Using French and English Lexical Resources. In *ACL 2012*.

FERRER E. E. (2004). Towards a Semantic Classification of Spanish Verbs Based on Subcategorisation Information. In *ACL 2004 : Student Research Workshop*, Barcelona, Spain.

GALE W. A., CHURCH K. W. & YAROWSKY D. (1992). Using bilingual materials to develop word sense disambiguation methods. In *4th International Conference on Theoretical and Methodological Issues in Machine Translation*, p. 101–112.

GROSS M. (1975). *Méthodes en syntaxe. Régime des constructions complétives*. Hermann.

IM WALDE S. S. (2006). Experiments on the automatic induction of German semantic verb classes. *Computational Linguistics*, **32**(2), 159–194.

JENTSON I. (2014). VerbNet Workbench. In *GWC 2014*.

KIPPER-SCHULER K. (2005). *VerbNet : A broad-coverage, comprehensive verb lexicon*. PhD thesis, University of Pennsylvania.

LEVIN B. (1993). *English verb classes and alternations : a preliminary investigation*. University Of Chicago Press.

MALMAUD J., WAGNER E. J., CHANG N. & MURPHY K. (2014). Cooking with semantics. In *ACL 2014 Workshop on Semantic Parsing*.

MERLO P., STEVENSON S., TSANG V. & ALLARIA G. (2002). A Multilingual Paradigm for Automatic Verb Classification. In *Proceedings of 40th Annual Meeting of the Association for Computational Linguistics*, p. 207–214, Philadelphia, Pennsylvania, USA : Association for Computational Linguistics.

MESSIANT C., GÁBOR K., POIBEAU T. *et al.* (2010). Acquisition de connaissances lexicales à partir de corpus : la sous-catégorisation verbale en français. *Traitement automatique des langues*, **51**(1), 65–96.

OSMAN A. H., SALIM N., BINWAHLAN M. S., ALTEEB R. & ABUOBIEDA A. (2012). An improved plagiarism detection scheme based on semantic role labeling. *Applied Soft Computing*, **12**(5), 1493–1502.

PRADET Q., DE CHALENDAR G. & PUJOL G. (2013). Revisiting knowledge-based Semantic Role Labeling. In *LTC'13*.

SAGOT B. & FIŠER D. (2012). Automatic Extension of WOLF. In *GWC 2012*.

SAINT-DIZIER P. (1996). Constructing Verb Semantic Classes for French : Methods and Evaluation. In *COLING 1996*.

SCARTON C. & ALUISIO S. (2012). Towards a cross-linguistic VerbNet-style lexicon for Brazilian Portuguese. In *Workshop on Creating Cross-language Resources for Disconnected Languages and Styles Workshop Programme*, p.11.

SHEN D. & LAPATA M. (2007). Using Semantic Roles to Improve Question Answering. In *EMNLP-CoNLL 2007*.

SUN L., KORHONEN A., POIBEAU T. & MESSIANT C. (2010). Investigating the cross-linguistic potential of VerbNet : style classification. In *COLING 2010*.

SURDEANU M., HARABAGIU S., WILLIAMS J. & AARSETH P. (2003). Using predicate-argument structures for information extraction. In *Annual Meeting of the ACL 2003*, p. 8–15.

SUZUKI Y. & FUKUMOTO F. (2009). Classifying Japanese Polysemous Verbs based on Fuzzy C-means Clustering. In *Proceedings of the 2009 Workshop on Graph-based Methods for Natural Language Processing (TextGraphs-4)*, p. 32–40, Suntec, Singapore : Association for Computational Linguistics.

SWIER R. & STEVENSON S. (2005). Exploiting a Verb Lexicon in Automatic Semantic Role Labelling. In *HLT-EMNLP 2005*.

XIE B., PASSONNEAU R. J., WU L. & CREAMER G. G. (2013). Semantic Frames to Predict Stock Price Movement. In *ACL 2013*.

AUTHOR INDEX